RPA JISHU ZAI DIANLI HANGYE ZHONG DE YINGYONG

RPA技术在电力行业中的应用

邹仕富 梁倩云◎主编

四川大学出版社
SICHUAN UNIVERSITY PRESS

图书在版编目（CIP）数据

RPA 技术在电力行业中的应用 ／ 邹仕富，梁倩云主编
. 一 成都：四川大学出版社，2022.10
ISBN 978-7-5690-5397-5

Ⅰ．①R… Ⅱ．①邹… ②梁… Ⅲ．①电力工业－企业
信息化－研究－中国 Ⅳ．①F426.61

中国版本图书馆 CIP 数据核字（2022）第 050643 号

书　　名：RPA 技术在电力行业中的应用
RPA Jishu zai Dianli Hangye zhong de Yingyong
主　　编：邹仕富　梁倩云
——
选题策划：李波翔
责任编辑：李波翔
责任校对：青于蓝
装帧设计：青于蓝
责任印制：王　炜
——
出版发行：四川大学出版社有限责任公司
　　　　　地址：成都市一环路南一段 24 号（610065）
　　　　　电话：（028）85408311（发行部）、85400276（总编室）
　　　　　电子邮箱：scupress@vip.163.com
　　　　　网址：https://press.scu.edu.cn
印前制作：四川胜翔数码印务设计有限公司
印刷装订：四川盛图彩色印刷有限公司
——
成品尺寸：185mm×260mm
印　　张：16.25
字　　数：393 千字
——
版　　次：2022 年 10 月 第 1 版
印　　次：2022 年 10 月 第 1 次印刷
定　　价：78.00 元
——

扫码查看数字版

四川大学出版社
微信公众号

编委会

主　编：邹仕富　梁倩云
副主编：徐婧劼　梁　旭

编委会成员（姓氏拼音排序）

陈　勇	桂　湖	韩佳君	何香橙
李羽戈	刘智豪	陆　垚	潘可佳
万远新	王　旭	吴　波	鲜春林
肖　青	徐　杨	颜玮康	姚薇薇
余　萍	张小凤	郑言蹊	

前　言

人工智能被誉为第四次工业革命的核心驱动力，对社会和经济的影响日益凸显。随着人工智能技术的进一步成熟以及政府和产业界投入的日益增长，人工智能应用将不断加速。各国政府纷纷出台相关政策，并将其上升到国家战略高度。我国于 2017 年正式印发《新一代人工智能发展规划》，将发展新一代人工智能上升为国家发展战略，提出要争夺战略竞争高地，促进产业消费升级与数字化转型。国家电网有限公司（以下简称"国网公司"）积极响应国家发展新一代人工智能的号召，落实中央关于加快新型基础设施建设的决策部署，将电力人工智能开放平台与典型应用作为公司级"数字新基建"十大重点建设任务。

在人工智能、5G 等信息化技术的推动下，企业数字化转型已迈入新阶段。习近平总书记在中共中央政治局第三十四次集体学习时强调，"数字经济发展速度之快、辐射范围之广、影响程度之深前所未有，正在成为重组全球要素资源、重塑全球经济结构、改变全球竞争格局的关键力量"。发展数字经济，已成为国家和企业的共识。

RPA（机器人流程自动化）技术可以模拟人工在电脑等数字化设备中的操作，并利用和融合 OCR（光学字符识别）、NLP（自然语言处理）等现有技术减少人为重复、烦琐、大批量的工作任务，实现业务流程自动化。由于 RPA 软件可以减少重复性劳动，降低企业人力负担、提高效率，也被称为"数字劳动力"。

《RPA 技术在电力行业中的应用》是由国网四川省电力公司组织各地市、直属单位以及四川中电启明星信息技术有限公司编写，介绍 RPA 开发应用的技术类书籍。本书从 RPA 基础理论开篇，介绍了该技术在电力行业中的应用模式和在各专业领域中的典型应用情况。本书正文共分 10 章，分别介绍了 RPA 技术原理、RPA 服务平台、RPA 编辑器的开发和应用、RPA 应用场景上架以及在电力营销、运检、信息、财务等方面的典型应用和开发实现过程。

目 录

第 1 章　快速了解 RPA 技术

本章主要讲述 RPA 技术的发展历程与演变、行业现状，以及 RPA 技术的通用套件，便于读者初步了解 RPA 技术。

1.1　了解 RPA

1.1.1　演变与发展

RPA 的发展包含如下四个阶段（图 1-1）。

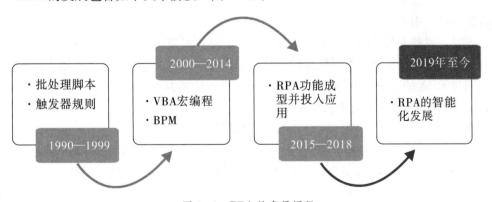

图 1-1　RPA 的发展历程

第一阶段（1990—1999）：**批处理脚本阶段。**

由于 20 世纪 80 年代半导体产业的繁荣发展，硬件成本不断降低，大量的企业办公流程从手工方式改为数字办公处理方式，微软的 DOS 和 Windows 操作系统在这个时间段先后诞生。

DOS 和 Windows 操作系统支持以命令行的方式逐条去执行任务，因为部分任务包括相互嵌套和依存的任务，为了执行任务更加方便，批处理脚本技术应运而生。批处理脚本通常用于执行定时开关系统、日志处理、文档的定时复制、文件的移动或删除等固定动作。一般采用手动或按计划任务启动的机制，可提供按日期、日历、周期等多种方式触发规则。但是批处理脚本构造简单，缺乏处理复杂任务的能力，并且难以应对流程处理中的异常情况，不够灵活。编写批处理脚本拥有较高的编码门槛，通常由开发人员来进行编写，但是开发人员往往不懂得实际的业务，导致最后的结果与实际情况有较大的差异，无法应用于实际场景中。

第二阶段（2000—2014）：VBA **宏编程阶段**。

2000 年以后，随着微软 Office 系列软件以及 ERP（企业资源计划）厂商的快速发展，对自动化处理又有了更多的要求。尤其是在金融领域中，以财务会计为代表的大量工作开始通过 Excel、Word 等软件进行操作，为了减少财会处理所耗费的大量人力成本，促进了以 VBA（Visual Basic for Applications）为代表的宏技术的使用。

VBA 是 Visual Basic 的一种宏语言，是在桌面应用程序中执行通用的自动化（OLE）任务的编程语言。VBA 主要用于扩展 Windows 的应用程序功能，特别是微软 Office 软件中的功能，可以很方便地将重复性的动作自动化。与批处理脚本相比，VBA 的特点是应用了可视化图形编程界面和面向对象的程序开发思路，开发效率相比于批处理脚本得到了大幅度提升，其所开发的流程也比传统的批处理要复杂得多。"宏录制"功能将手工操作的过程逐一记录下来，变成一条条可执行的脚本，然后自动重复运行。

第三阶段（2015—2018）：RPA **应用阶段**。

RPA 产品从 2015 年开始成型，国外如 UiPath、Application Anywhere、Blue Prism 等公司陆续成立，开始运用可视化流程拖拽进行自动化设计，通过操作录制技术，替代部分需要编码实现的功能，大大降低了 RPA 的使用门槛，让非代码工作者和业务人员能够根据自己的实际业务流程来进行 RPA 应用场景的开发，使得 RPA 开始大规模落地应用。

同时，机器人管理的调度系统也开始诞生，不再局限于单机运行，开始向大型多任务管理方式转变，通过调度系统可以掌握机器人的运行情况是否异常，机器人是否空闲等。同时 RPA 的可靠性也得到了大幅度的提升，能够从事的流程也变得更多、更复杂，进一步促进了 RPA 行业的繁荣发展。

第四阶段（2019 **年至今**）：RPA **智能化发展阶段**。

2019 年，Gartner 公布了影响企业未来发展的十大关键技术，RPA 荣登榜首。Gartner 着重介绍了 RPA 作为企业数字化转型的重要工具，对增强企业的竞争优势具有至关重要的作用。2019 年 5 月，UiPath 获得了 5.68 亿美元 D 轮融资，估值达 70 亿美元，成为全球人工智能领域里估值最高的创业企业，RPA 开始受到行业的广泛关注，各行各业开始接触 RPA 技术，国内 RPA 技术进入飞速发展阶段，RPA 厂商开始不断涌现。

与此同时，RPA 开始与各类人工智能技术进行融合，RPA 可以借助人工智能技术实现在各种情形下的业务场景，如 OCR 识别技术与自然语言处理技术。

OCR 识别技术可以高效地定位与识别图像中的文字信息，在日常工作生活中，往往需要从图像中获取我们需要的信息，如财务工作需要人工去获取发票图像中的信息用以核对报账信息是否正确，由于此工作涉及的图像数量巨大，人工查看的效率和准确率会受到影响。通过结合 OCR 技术即可批量获取发票图像中的信息，应用于实际工作中。

自然语言处理技术也是至关重要的。我们日常工作生活中很多操作是与文档资料息息相关的。自然语言处理技术能够让计算机像人类一样了解文字信息的含义，从而能够对复杂的文档进行处理。例如，要像财务经理一样审核财务报表中的数据是否正确，就需要理解文本的含义，了解文档所要表达的意思，判断数据是否存在问题。

1.1.2　行业现状

RPA 技术作为流程自动化的解决方案，很早就在国外出现并且进行大规模的应用，美国近 80% 的金融机构已经认识并引入 RPA。据 HFS Research 研究数据，RPA 的全球市场规模已从 2016 年的 6.12 亿美元增至 2018 年的 17.14 亿美元，年增速均超过50%；预计到 2022 年，市场规模将达到 43.08 亿美元，如图 1-2 所示。

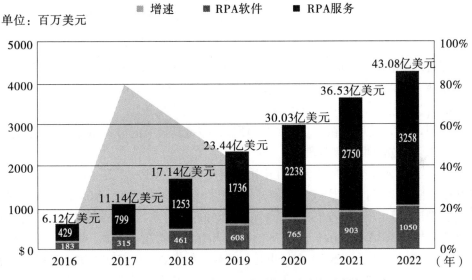

图 1-2　2016—2022 全球 RPA 软件与服务市场分析与预测

Gartner 的研究显示，2018 年 RPA 行业领先企业 UiPath、Automation Anywhere 和 Blue Prism 的营业收入分别达到 1.148 亿美元、1.084 亿美元、0.71 亿美元，同比增速分别为 629.5%、46.5%、105%。

2017 年，全球已有超过 45 家软件厂商声称自己提供的是 RPA 软件服务，有超过29 家大型的咨询公司或 IT 服务公司可以提供 RPA 相关的咨询和实施服务，初步形成了该领域的产业链和生态环境。

从业务和市场的角度来看，RPA 在亚洲市场起步较晚，主要原因有两点：一是大型企业对于数据安全和系统的稳定性要求比较高，且新兴事物有一个被接受的过程；二是 RPA 产品有一个本地化的过程，企业必须拥有自主的知识产权，必须拥有核心技术，才有能力去做完全的定制开发和本地化运营。

虽然起步较晚，但 RPA 市场自 2018 年开始高速扩张。据 HFS Research 数据，2018 年 RPA 在北美洲、拉丁美洲、亚洲、欧洲及非洲的市场总量约达 17.15 亿美元，其中亚洲市场总量约占 22%，如图 1-3 所示。

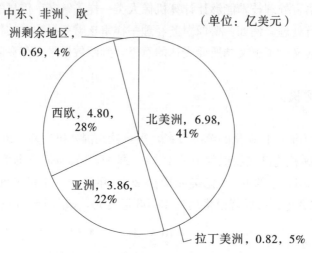

图 1-3　2018 年各地区 RPA 市场总量

亚洲市场主要集中在印度、新加坡等国家，但考虑到综合体量，预计中国的市场贡献率会急速增长，甚至成为 RPA 在亚洲的第一市场。根据测算，2022 年亚洲市场规模将达 63.5 亿人民币，其中中国市场规模将达 31.0 亿人民币。

在中国，RPA 前驱早在 2000 年左右便以"按键精灵"的形式出现，更多用于玩家游戏、知识化办公等桌面级阶段。

2015 年随着四大会计师事务所在中国区应用 RPA，RPA 工具也逐渐被国内金融机构所接受。随后两年，大批 RPA 厂商开始成立，金融科技厂商、AI 厂商也是在这个阶段开始转型进军 RPA，随着早期厂商对市场认知的教育和产品拓展，2018 年更多企业开始认知并接纳 RPA 带来的价值，并在 2019 年掀起一股资本浪潮。

从 2018 年开始至今，RPA 市场更是如井喷一般发展，仅仅在中国涉及的行业就包括银行、保险和金融服务、电信、能源、制造业、零售和快消业、交通和物流等。

1.2　RPA 概述

RPA 技术是 Robotic Process Automation 的缩写，即机器人流程自动化技术，是以软件机器人及人工智能（AI）为基础的业务过程自动化技术。

RPA 是以机器人作为虚拟劳动力，依据预先设定的程序与现有用户系统进行交互并完成预期的任务。通过模仿员工在电脑中的行为，利用机器代人操作，解放劳动力，提高工作效率，实现"人、机、物"三者融合。

用更通俗的话来说，RPA 就是借助一些能够自动执行的脚本（这些脚本可能是某些工具生成的，这些工具也可能有着非常有好的用户化图形界面）完成一系列原来需要人工完成的工作。

1. 错误率低：人工长时间操作业务系统时，容易出现疲劳操作的情况，导致录入业务数据出错，使用 RPA 可以有效降低操作的错误率。

2. 安全可靠：在很多工作中我们是需要对数据保密的，采用 RPA 来进行工作则不会泄露机密，能避免因数据泄露而造成的损失。

3. 降低成本：使用 RPA 后可以代替很多人工操作，能够完成大量耗时且重复的任务，从而减少该岗位上的人力成本的投入，释放人力来完成更多有价值的工作。

4. 无区域限制：RPA 是一款可以部署的软件，经过部署后，无论何时何地都可以使用，不受区域影响。

5. 核心价值：使用 RPA 可以减少重复工作，从而提高工作效率，减少人力成本和时间的投入。

6. 高精度：RPA 能够提高工作质量并且避免由于人为错误而导致的返工，在保证数据准确的情况下，精确度能够接近百分之百。

7. 强大的可伸缩性：易于扩展，能够立即进行培训和部署。

8. 合规性：RPA 减少了错误并提供了审计跟踪数据，能更好地满足合规控制要求。

9. 非侵入式：RPA 配置在当前系统和应用程序之外，因此无须更改任何当前应用程序和技术，可以做到非入侵式的部署。

10. 全天工作：RPA 可以做到全天工作、不休息，当电脑不关机时能够无休假地执行工作。

1.3　RPA 通用三件套

RPA 通常由三个部分组成——编辑器（开发工具）、运行器（执行工具）、控制器（控制中心）。编辑器用于制作自动化流程，执行器用于运行自动化流程，控制器用于管理自动化流程。尽管不同的厂商对其叫法不同，但这"三件套"，如今已成为 RPA 产品的标配。

1.3.1　编辑器

编辑器主要用于制作 RPA 应用，开发者可以将实际业务中的流程操作转换为计算机理解的编程语言。

就像雇用新员工一样，新创建的 RPA 应用对公司的业务或流程将会一无所知。这就需要我们在业务流程上培训程序，让程序知晓具体的业务操作，然后才能发挥出特有的功能，提高工作效率。

相比于传统的软件开发，编辑器无须大量编写代码，主要通过拖拽组件的方式来完成 RPA 应用的制作，将不同的组件组合在一起来实现功能。

1.3.2　运行器

运行器主要用于运行自动化任务，完成任务后返回执行结果信息或者结果文件，单独部署运行器运行时，同时只能执行一个任务，有多个任务时，只会执行排在队列最前面的任务，当前一个任务执行完成后，才会执行在排队中的任务。

运行器一般与控制器配套使用，通过控制器可以管控和调度无数个运行器，按照实际运行任务进行资源分配，从而节省大量的资源。

1.3.3　控制器

控制器主要用于运行器的部署与管理，包括开始/停止运行器的运行，为运行器制作日程表，维护和发布代码，重新部署运行器的不同任务，以及向管控的运行器下发 RPA 应用等。

现阶段，运行器无法进行自我控制，需要人为对运行器进行操作和管理（启动、终止、管理等）。如果只有单个运行器，可以人工执行这些操作。随着运行器数量的增加，管理多个运行器将变得非常吃力。

控制器本质上是一个管理平台，是统领 RPA 数字劳动力的"指挥官"，可以管控和调度无数个 RPA 运行器。

同时，设计完成的 RPA 应用也可从 RPA 控制器下派至各个局域网内有权限的运行器上进行执行。

第 2 章　RPA 服务平台

本章主要讲述 RPA 服务平台的建设背景及架构，便于读者了解 RPA 技术的实现载体。

2.1　平台建设背景

按照国家电网有限公司关于班组建设再提升和新时期产业工人队伍改革实施措施要求，项目成果进一步夯实公司班组管理基础，着力提升班组员工"三个素质"，减少班组"无用功"，做强班组"有用功"。基于机器流程自动化（RPA）产品构建符合国网信息化要求的基层班组减负自动化操作中心，使班组界面更清晰，班组业务更流畅，班组管理更规范，成果推广后切实提升班组管理效率和效能，助力世界一流能源互联网企业建设。

2.1.1　发展与演变

现阶段，电力行业内大量单一、重复、烦琐的事务性工作还在由人工来完成，禁锢着企业员工的发展。如何把员工从这些烦琐的重复工作中解放出来，优化整个企业基础流程作业，减少成本，提高工作效率，降低操作失误，是目前很多企业都在思考的一个问题。RPA 服务平台正是国网公司基于此而建设的流程自动化一体化解决方案，运用 RPA 技术，化复杂的人工操作为简单的任务触发，实现不同场景的流程自动化操作，达到解放人工、降低管理成本的目的。同时通过对数据的后台分析、前端展示，为企业的管理决策提供业务优化数据支撑。

2.2 RPA 服务平台概述

2.2.1 平台简介

RPA 服务平台能够支撑 RPA 应用从需求到上架运行整个流程，包括 RPA 编辑器、RPA 应用、RPA 应用调度中心、自动化作业站集群和 RPA 数据分析应用五部分。

RPA 编辑器，即为通用三件套中的编辑器，主要用于开发 RPA 应用程序。自动化作业站集群，即为通用三件套中的运行器，用于执行 RPA 应用程序。RPA 应用调度中心等同于三件套中的控制器，负责提供基于浏览器的操作界面，以及调度作业站集群。

同时 RPA 服务平台在通用 RPA 三件套的基础上，增加了 RPA 应用和 RPA 数据分析两个部分，RPA 应用是将传统电力行业中遇到的业务场景分为三类：数据录入、转录类，数据统计核对类和业务监控值守类，每种类型对应不同的标准。RPA 数据分析则是提供了运行数据的统一管理与分析展示，用于展现 RPA 应用的使用情况，辅助效益评测、保障合规使用等，如图 2-1 所示。

RPA 服务平台适用于具有明确业务规则、结构化输入和输出的操作流程，目前已广泛应用于国网四川公司财务、营销、运检、信息等专业领域。

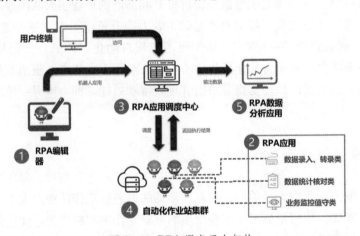

图 2-1 RPA 服务平台架构

2.2.2 平台特性

1. 任务自动操作，提高工作效率。

作业站通过记录业务处理规则和人工操作行为，代替人工在电脑上执行一系列特定的工作流程，实现任务自动化操作。

2. 任务定时执行，解放人力资源。

支持用户按需要个性设置自动任务的执行时间、周期、频率、循环次数，无须专人值守。

3. 任务视频回放，保障安全审计。

用户可以通过 Web 端观看每个已完成的作业操作详细过程，实现自动化任务的监控回放，使得自动化任务的执行过程能够回溯，安全审计保障能力更强。

4. 数据统计展现，辅助管理决策。

根据任务所属场景分类统计任务的运行情况，通过对数据的后台分析、前端展示，为企业的管理决策提供业务优化数据支撑。

第 3 章　了解 RPA 编辑器

本章主要讲述 RPA 编辑器的特性、界面，以及场景构建示例三部分，便于读者初步了解 RPA 编辑器的各项功能。

3.1　编辑器特性

1. 可视化图形界面设计，通过拖拽组件的方式快速搭建自己的流程，让业务人员也能够实现自动化场景应用。
2. 不同种类的组件支持各种自动化操作，针对不同的特定情形采用不同的组件去实现。
3. 由编辑器识别操作过程并智能生成流程，协助完成自动化场景。
4. 自主研发编辑器，适用于 Windows、Mac 和国产化的 Linux 系统，应用于各种场景和系统。
5. 针对企业个性使用的办公软件系统，进行定制化的组件优化。
6. 完备的流程异常处理机制，保证流程的稳定性。
7. 内置丰富的智能业务组件，通过拖拽的方式即可嵌入流程。
8. 成熟的 OCR 技术，实现图像文字的准确识别。
9. 场景化 AI 智能组件，快速构建自动化场景。

3.2　编辑器界面

3.2.1　菜单栏

1. 文件。

文件菜单页面及功能如图 3-1、表 3-1 所示。

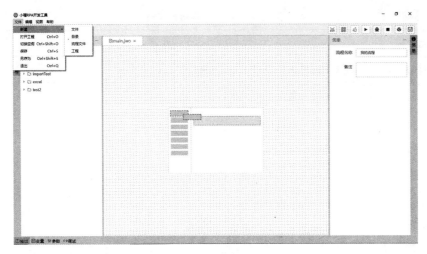

图 3-1　文件菜单页面布局

表 3-1　文件菜单功能描述

功能名称	作用
新建	新建文件、目录、流程文件或是工程
打开工程	打开指定路径下的工程
切换工作空间	将工作空间切换到指定的路径下
保存	保存当前打开的工程到默认路径下
另存为	保存当前打开的工程到指定路径下
退出	退出 RPA 编辑器

2．编辑。

编辑菜单页面及功能如图 3-2、表 3-2 所示。

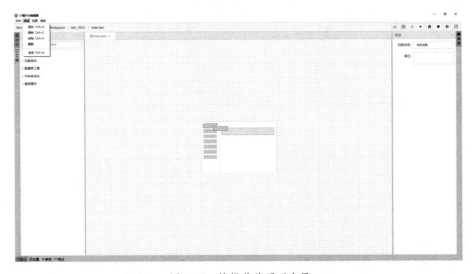

图 3-2　编辑菜单页面布局

表 3-2　编辑菜单功能描述

功能名称	作用
剪切	将选中组件剪切到粘贴板，快捷键：Ctrl+X
复制	将选中组件复制到粘贴板，快捷键：Ctrl+C
粘贴	将粘贴版中的组件粘贴至指定位置，快捷键：Ctrl+V
删除	删除选中组件，快捷键：Delete
全选	选中当前页面中的内容，快捷键：Ctrl+A

3. 视图。

视图菜单页面及功能如图 3-3、表 3-3 所示。

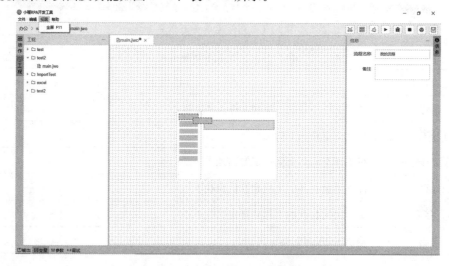

图 3-3　视图菜单页面布局

表 3-3　视图菜单功能描述

功能名称	作用
全屏	全屏使用 RPA 开发工具，快捷键 F11

4. 帮助。

帮助菜单页面及功能如图 3-4、表 3-4 所示。

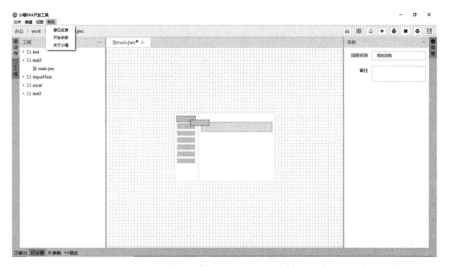

图 3−4　帮助菜单页面布局

表 3−4　帮助菜单功能描述

功能名称	作用
意见反馈	提交意见反馈至 RPA 编辑器团队
开发手册	查看 RPA 编辑器开发手册
关于	查看当前 RPA 编辑器的版本

3.2.2　功能区

1. 启动机器人。

点击后启动机器人，如果已存在启动的机器人，则重启机器人，如图 3−5 所示。

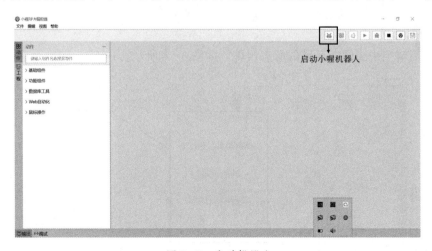

图 3−5　启动机器人

2. 切换网格。

点击后在中央画布区域显示网格，如图 3—6 所示。

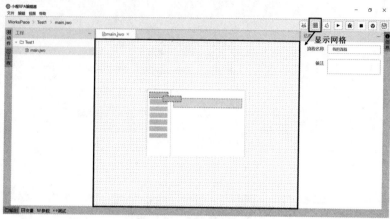

图 3—6　显示网络

点击后中央画布区域取消网格显示，如图 3—7 所示。

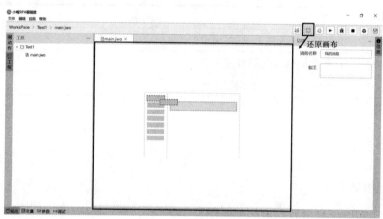

图 3—7　还原画布

3. 清空画布。

点击后清空中央画布区域的所有组件，如图 3—8 所示。

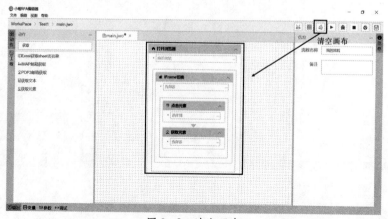

图 3—8　清空画布

4．运行。

点击后运行当前打开流程中的所有组件，执行遇到错误时直接终止流程，如图 3－9 所示。

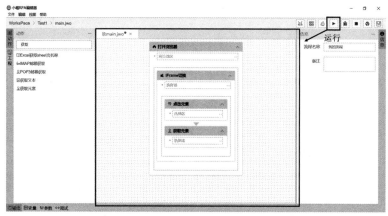

图 3－9　运行

5．调试。

点击后调试当前打开流程中的所有组件，执行遇到错误时终止流程，如图 3－10 所示。遇到断点时会在断点处等待，此时可在下方调试栏查看变量及参数的信息，如图 3－11 所示。

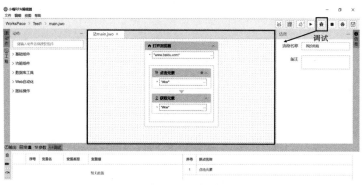

图 3－10　调试

图 3－11　调试错误查看变量及参数

6. 中止。

点击后中止当前流程，如果正在执行某个组件，则会在执行该组件后中止流程，如图 3-12 所示。

图 3-12　中止调试

7. 设置 WebDriver 版本。

点击后弹出设置 WebDriver 弹窗，选择与安装的谷歌浏览器版本相同的选项，最前方的大版本号保持一致即可，如图 3-13、图 3-14 所示。如果没有匹配的版本，可以自行上传 WebDriver 版本，WebDriver 下载地址：https：//npm. taobao. org/mirrors/chromedriver/。

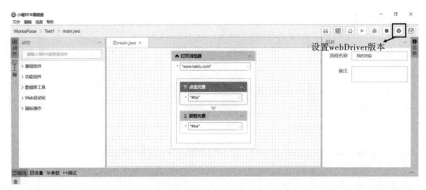

图 3-13　设置 WebDriver 版本

图 3-14　WebDriver 版本选择

8. 保存。

点击后保存当前流程，如图 3-15 所示。

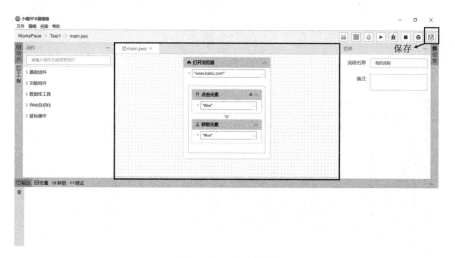

图 3-15　保存设置

3.2.3　动作库

各种各样的自动化组件，通过不同的自动化组件可实现多种功能，如图 3-16 所示。

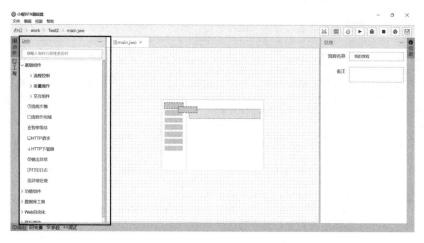

图 3-16　动作库组件展示

3.2.4 工程栏

右键菜单选项及功能如图 3-17、表 3-5 所示。

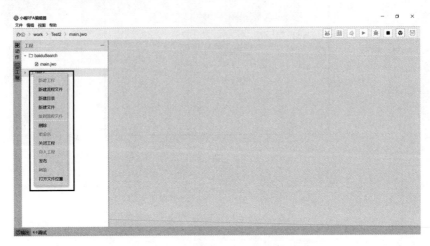

图 3-17 工程栏右键菜单选项

表 3-5 工程栏右键菜单选项功能及说明

功能名称	功能说明
新建文件	输入文件名和目录名称，要求只能是字母、数字、下划线，正确创建文件
新建流程文件	输入文件名，要求只能是字母、数字、下划线，正确创建流程文件
新建目录	输入目录名，要求只能是字母、数字、下划线，正确创建目录文件
复制流程文件	输入复制的文件名，要求只能是字母、数字、下划线，正确复制流程文件
删除	从系统目录中删除指定文件
重命名	输入文件名，对当前文件进行重命名
关闭工程	点击后关闭当前工程，不可对该工程进行操作
导入工程	从系统目录导入一个工程
发布	将当前工程发布为流程包
刷新	刷新工程栏目中的工程文件
打开文件位置	打开当前文件所在的系统目录位置

3.2.5 变量/参数/输出区

1. 变量区。

变量区页面及功能如图 3-18、表 3-6 所示。

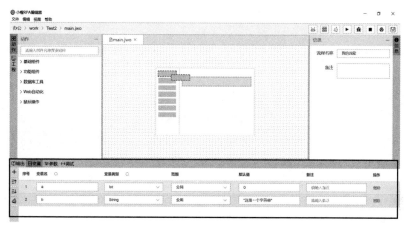

图 3-18 变量区页面布局

表 3-6 变量区操作功能及说明

功能名称	功能说明
新增变量	在变量栏新增一个变量，然后修改变量名、变量类型、范围、默认值和备注。可在工程需要使用变量的地方，按快捷键 Ctrl+K，输入变量名称，然后按回车键，自动生成一个变量
升序	将选中变量向上移动一个位置
降序	将选中变量向下移动一个位置
清空未使用变量	清空工程中未使用的变量

2. 参数区。

参数区页面及功能如图 3-19、表 3-7 所示。

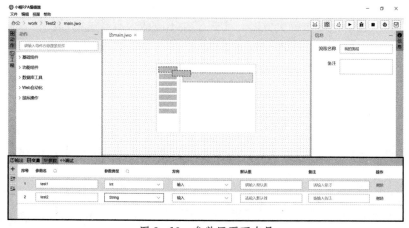

图 3-19 参数区页面布局

表 3-7 参数区操作功能及说明

功能名称	功能说明
新增参数	在参数栏新增一个参数，然后修改参数名、参数类型、方向、默认值和备注
升序	将选中参数向上移动一个位置
降序	将选中参数向下移动一个位置

3. 输出区。

输出区用于输出流程运行的错误、警告、日志以及结果等，如图 3-20 所示。

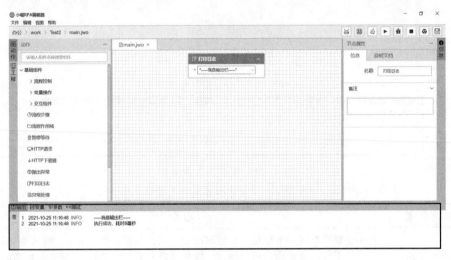

图 3-20 输出区页面布局

3.3 场景构建示例

3.3.1 场景构建通用步骤

基于产品的自动化操作解决方案，实现了在不改造现有系统的前提下，通过自动化程序代替人工烦琐操作，其过程主要分为操作分析、配置开发、表单设计、交付使用等四个环节，在 RPA 服务平台发布后可立即投入使用。

3.3.2 构建一个简单 RPA 场景

实现从百度资讯以及 So 资讯网页中搜索指定关键字，并将搜索结果写入到表格中进行汇总展示。

3.3.3　场景实现过程

新建文件，点击新建，选择新建工程，如图 3-21 所示。

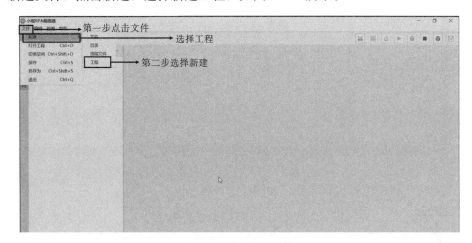

图 3-21　新建工程步骤

输入工程名和工程路径，注意工程名和工程路径都不能为空，如图 3-22 所示。

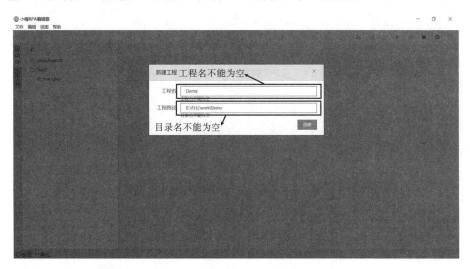

图 3-22　输入工程信息

点击工程面板，选择 Main.jwo 文件。再点击动作展开基础组件菜单，将流程步骤拖入画布，如图 3-23 所示。

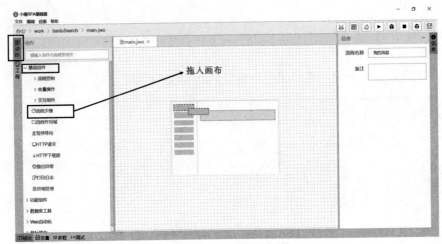

图 3—23　添加流程步骤

更改对应步骤的流程步骤名称，如图 3—24 所示。

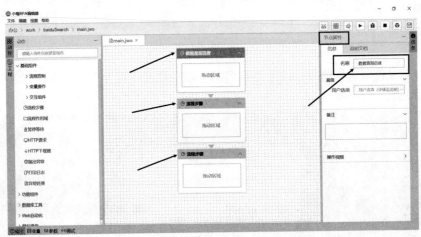

图 3—24　点击修改流程步骤名称

注意流程步骤名称和接入 RPA 服务平台的流程步骤名要一致，如图 3—25 所示。

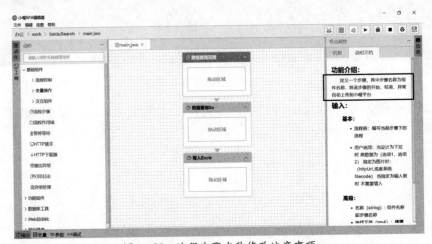

图 3—25　流程步骤名称修改注意事项

　　在画布中拖入一个流程步骤动作，然后点击动作面板，展开 Web 自动化菜单，在流程步骤里面拖入打开浏览器动作，如图 3-26 所示。

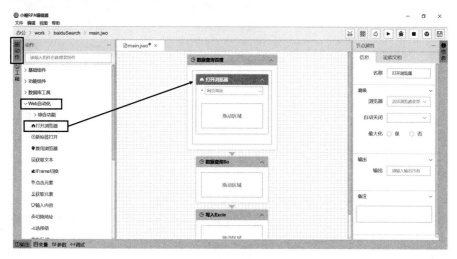

图 3-26　流程步骤增加动作示意图

　　点击左下角变量创建浏览器的输出对象，在浏览器属性里面选择 WebDriver 属性，输入变量名称。

　　注意变量有范围的限制，如果你点击动作创建，那这个变量就是局部变量；点击空白处创建变量就是全局变量，如图 3-27 所示。

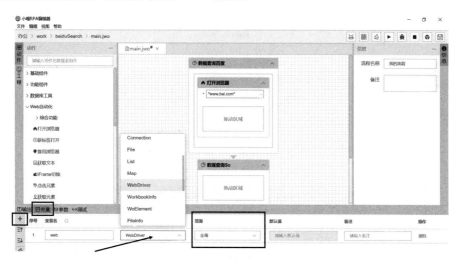

图 3-27　创建全局变量

　　在打开浏览器动作里面写入网址，并在动作属性里面选择相应的属性。

　　这里我们选择 Chrome 浏览器且设置打开网页时最大化，如图 3-28，输出选择刚才创建的变量。

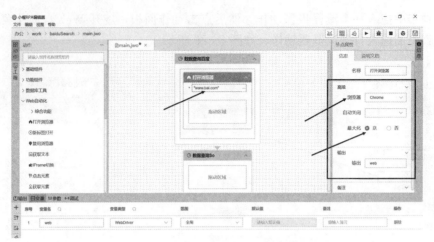

图 3-28　设置网页最大化动作

　　点击工程面板，右键当前流程点击新建流程文件，创建一个子流程，如图 3-29 所示。

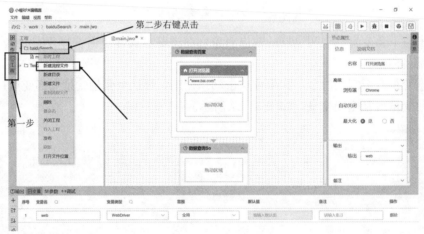

图 3-29　创建子流程

　　输入名称创建子流程，如图 3-30 所示。

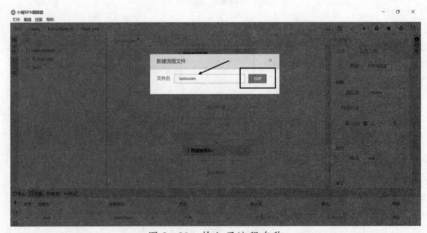

图 3-30　输入子流程名称

在动作里面选择执行子流程动作，如图 3-31 所示，拖入打开浏览器组件中，在流程文件属性中点击浏览选择刚才创建的子流程。

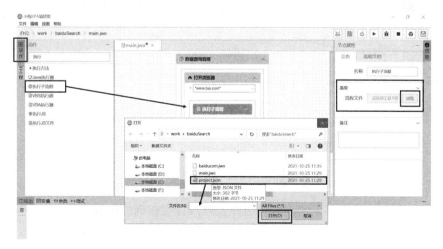

图 3-31 执行子流程动作

在工程里面选择子流程"baidu.com"，创建参数 Web 方向选择输入，这个 Web 从 Main 文件的变量传过来，如图 3-32 所示。这个参数决定我们的操作的对象。

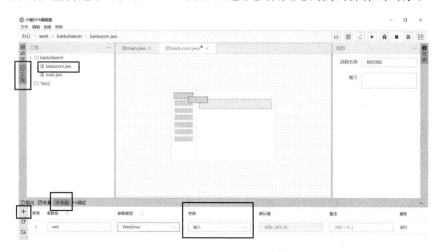

图 3-32 设置子流程参数

选择流程步骤拖入子流程中，并修改流程步骤名称，如图 3-33 所示。

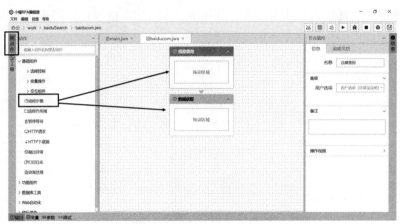

图 3-33　设置子流程步骤

在 Web 自动化栏里找到输入内容组件，拖入百度查询的区域中，如图 3-34 所示。

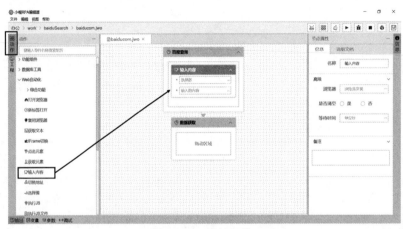

图 3-34　添加组件

创建一个参数 kw，给一个默认值"国网信通"，方向选择输入，如图 3-35 所示。此参数和 RPA 服务平台的输入参数绑定，所以选择输入方向；如果平台没传对应的参数，就会使用默认值。

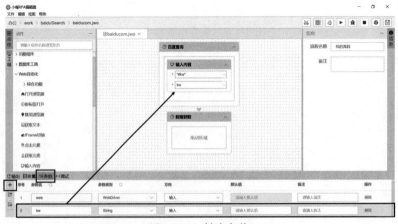

图 3-35　创建参数

选择器里面的值，我们先打开网页，在网页上查询对应的选择器元素，如图 3−36 所示。

图 3−36　查询选择器元素

选择 ID 选择器名称♯kw 填入选择器输入框中，如图 3−37 所示。

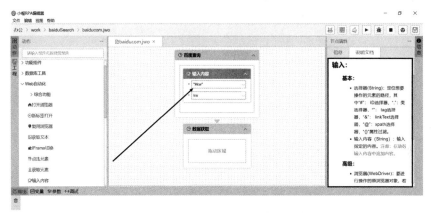

图 3−37　输入选择器 ID

展开 Web 自动化菜单，拖入点击元素组件到输入内容下方，如图 3−38 所示。

图 3−38　拖入组件

我们要点击的是"百度一下"这个按钮，所以找到它的选择器元素♯su，如图3-39所示。

图3-39　选定选择器元素

将♯su输入点击元素的选择器中，如图3-40所示。

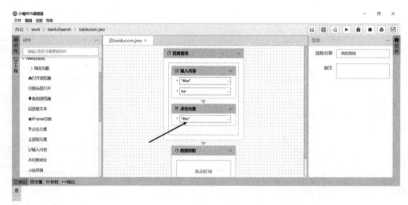

图3-40　在选择器中输入元素代码

注意这里的动作，要绑定之前的WebDriver对象，我们这里选择之前创建的参数Web，不然无法操作，如图3-41所示。

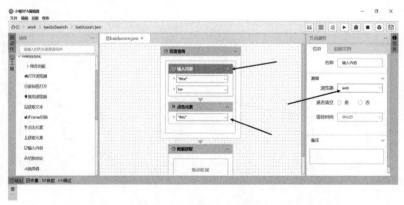

图3-41　选择已创建参数

选择点击元素组件，找到资讯，在网页上按 F12 查询相应的元素，如图 3－42 所示。

图 3－42　查找资讯对应元素

复制该元素，并将元素填入点击元素的选择器内，如图 3－43 所示。

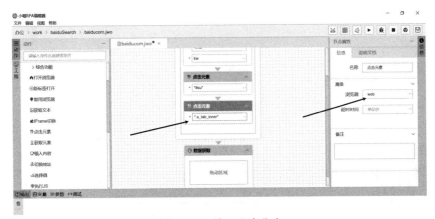

图 3－43　填入元素信息

点击资讯后出现多条资讯数据，如图 3－44 所示。

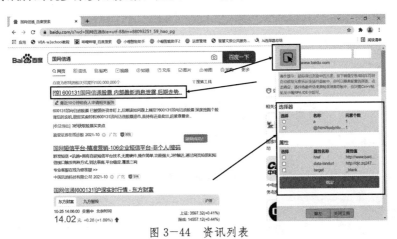

图 3－44　资讯列表

点击动作找到基础组件，打开变量操作选择 List 定义拖入画布中，如图 3-45 所示。注意这里 List 定义动作在两个执行流程之间。

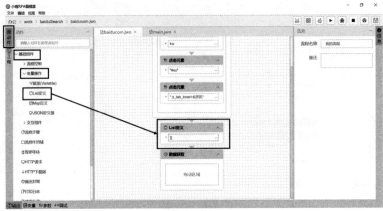

图 3-45　拖入 List 定义动作

点击画布空白处，选择参数创建一个参数，方向为输出，这个参数最后会在 Main 文件里用到，所以选择输出，如图 3-46 所示。

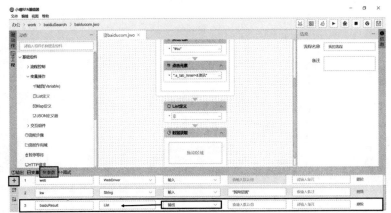

图 3-46　创建输出参数

更改 List 定义动作属性，如图 3-47 所示

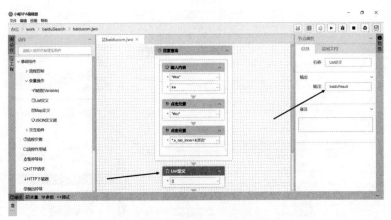

图 3-47　更改 List 定义动作属性

找到资讯，分析我们需要的数据，按 F12 打开开发者模式，点击每一条资讯，可以看到元素属性，如图 3-48 所示。

图 3-48　查看资讯元素属性

将 Web 自动化栏里面的获取元素拖入画布中，并将我们分析得到的元素数据放入选择器中，如图 3-49 所示。

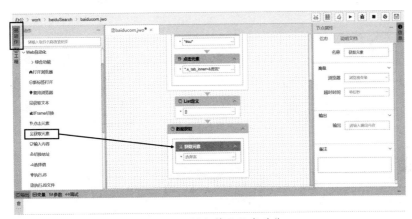

图 3-49　添加获取元素动作

创建并填入对应的参数，如图 3-50。

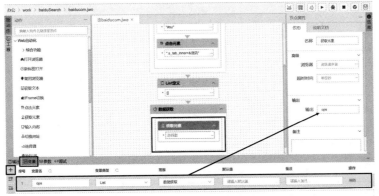

图 3-50　创建并填入参数

因为我们要爬取多条数据，所以我们采用 Foreach 动作，循环获取数据，如图 3－51 所示。

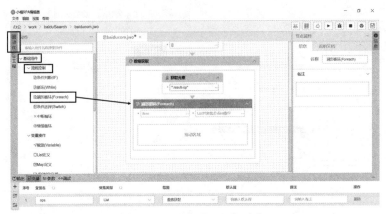

图 3－51　添加 Foreach 动作

选择动作，在基础组件里面拖动执行方法组件到 Foreach 循环中，在执行方法组件中输入 o. findElement（". news－source＞span"），获取每一条资讯的信息，如图 3－52、图 3－53 所示。

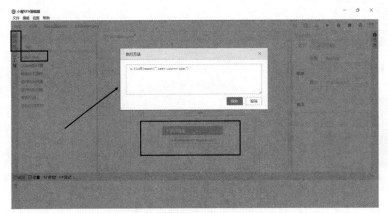

图 3－52　在执行方法中输入指定代码

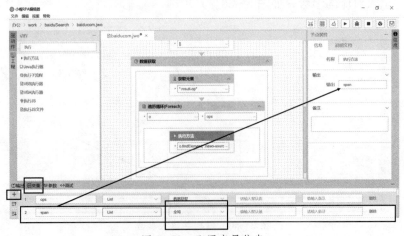

图 3－53　配置变量信息

选择基础组件菜单变量操作下的 Variable 赋值组件动作，拖入 Foreach 循环范围中，如图 3-54 所示。

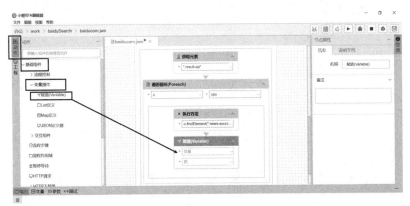

图 3-54　添加赋值组件到循环中

给 Variable 赋值，创建变量 Title 表示名称，Time 表示时间，Source 表示来源。将获取到的资讯名称赋给 Title 变量，如图 3-55 所示。

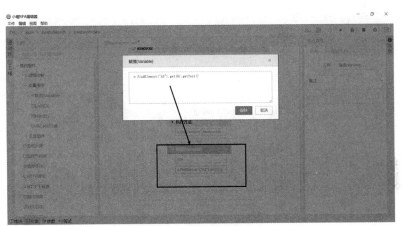

图 3-55　赋值 Title 变量

将资讯来源信息赋给 Source 变量，如图 3-56 所示。

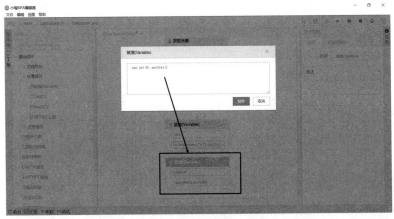

图 3-56　赋值 Source 变量

33

将资讯时间信息赋给 Time 变量，如图 3-57 所示。

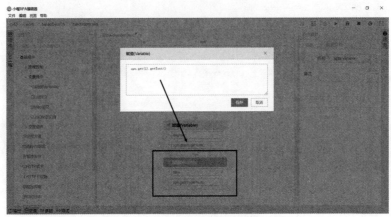

图 3-57　赋值 Time 变量

拖动 List 定义组件到下方，将"baidu"、标题、来源和时间定义赋值给 Span 变量，存储每一次循环获取到的资讯信息，如图 3-58 所示。

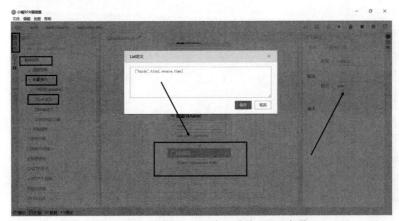

图 3-58　添加 List 组件，赋值 Span 变量

最后选择执行方法，将每一条资讯信息数据封装进之前定义的参数 BaiduResult 中，如图 3-59 所示。

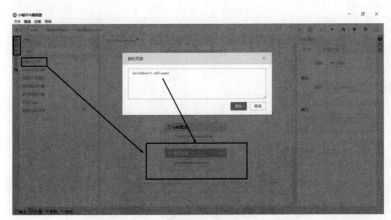

图 3-59　封装数据进 BaiduResult 参数

然后再右键项目创建一个子流程，命名为 So，如图 3-60 所示。

图 3-60　创建子流程 So

在 Main 文件中，拖入执行子流程组件到数据查询 So 范围中，设置执行子流程文件属性，点击浏览添加创建的 So 文件，如图 3-61 所示。

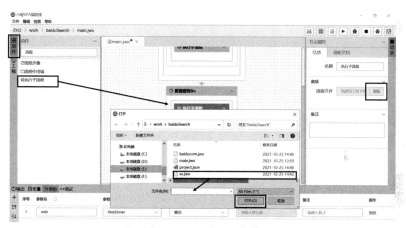

图 3-61　添加 So 文件

进入 So 文件，选择基础组件里面的流程步骤，拖入画布并修改名字，如图 3-62 所示。

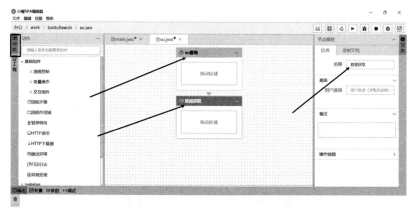

图 3-62　在 So 文件中添加流程步骤

35

选择 Web 自动化栏里面的切换地址，拖入画布，如图 3-63 所示。

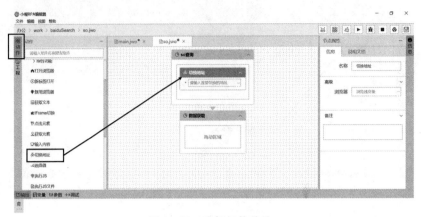

图 3-63 选择切换地址

创建 WebDriver 参数接收 Main 里面的变量 Web，并填入切换地址的浏览器属性里面，如图 3-64 和图 3-65 所示。

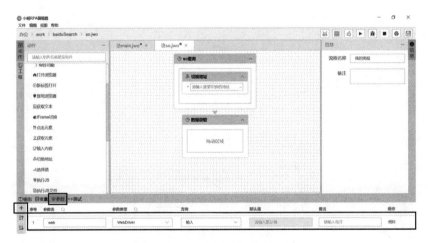

图 3-64 创建 WebDriver 参数

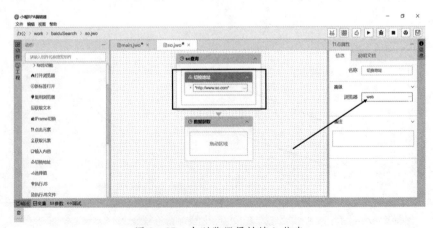

图 3-65 在浏览器属性填入信息

拖入输入内容组件到画布，然后选择 So 首页输入框的输入 Id 元素，输入值里面填写相应的参数、变量或者字符串，如图 3－66 所示。注意输入内容的浏览器要加上 Web 变量。

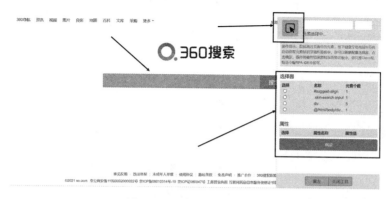

图 3－66　填写输入 Id 元素

将获取到的元素填入到输入内容选择器中，如图 3－67 所示。

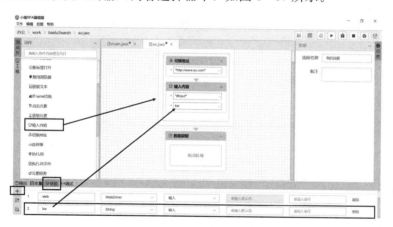

图 3－67　填入获取的元素

打开浏览器找到"搜索"，选择点击元素组件拖入画布，如图 3－68；找到"搜索"的 Id 输入点击元素选择器里面，如图 3－69。注意点击元素的浏览器要加上 Web。

图 3－68　查找"搜索" Id

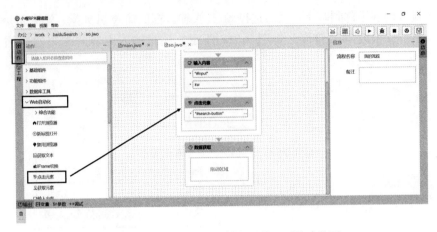

图 3-69 在点击元素选择器里输入"搜索"Id

在浏览器内找到"资讯"元素，如图 3-70；将点击元素拖入画布，填入属性，如图 3-71。注意点击元素的浏览器要加上 Web。

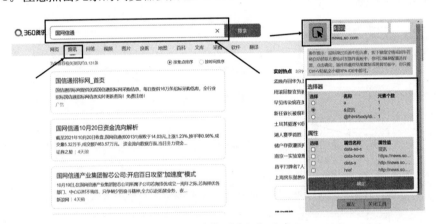

图 3-70 查找"资讯"元素

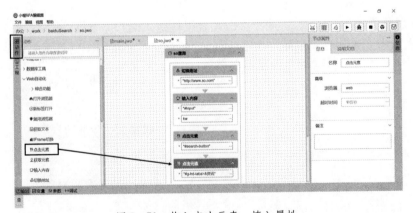

图 3-71 拖入点击元素，填入属性

点击画布空白处，选择参数创建一个参数，方向为输出，这个参数最后会在 Main 文件里用到，所以选择输出，如图 3-72 所示。

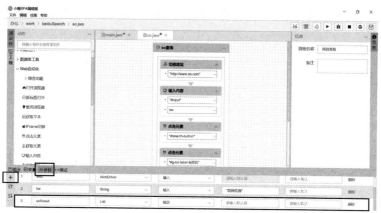

图 3-72　创建输出参数

点击动作找到基础组件，打开变量操作选择 List 定义拖入画布。注意这里 List 定义动作在两个执行流程之间。

选择 List 定义动作，添加输出变量，定义一个 List 数组，如图 3-73 所示。

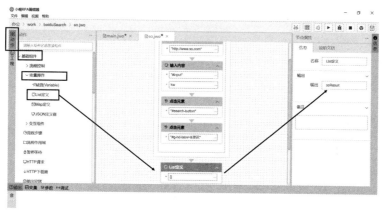

图 3-73　创建 List 定义数组

将 Web 自动化栏里面的获取元素拖入，并将我们分析得到的数据放入选择器，如图 3-74 所示。

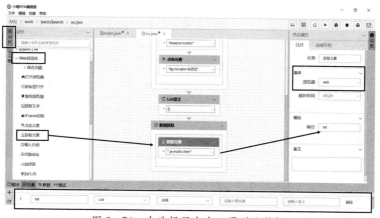

图 3-74　在选择器中存入得到的数据

找到资讯，选择我们要爬取的内容的相关元素，如图 3-75 所示；因为我们要爬取多条数据，所以我们采用 Foreach 动作，循环获取，如图 3-76 所示。

图 3-75　选择要爬取的元素

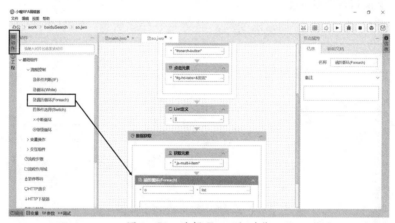

图 3-76　选择 Foreach 动作

选择动作，基础组件里面选给 Variable 赋值，如图 3-77 所示。

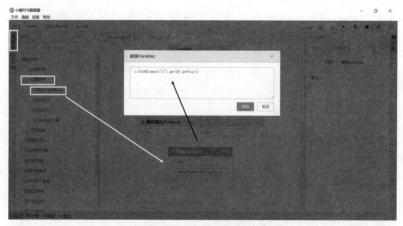

图 3-77　给 Variable 赋值

选择设置变量，把资讯标题用方法赋值，资讯时间用方法赋值，资讯来源用方法赋值，最后封装进数组，如图 3-78 所示。

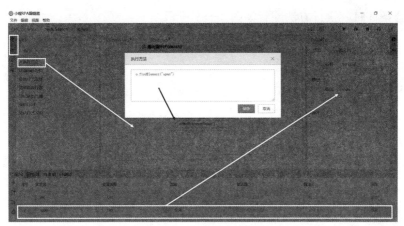

图 3-78　封装数据进数组

因为数据存在一些特殊的判断，所以我们用 IF 来进行判断，拖入条件判断组件到画布中，输入判断语句，如图 3-79 所示。

图 3-79　拖入条件判断组件

拖入赋值组件，获取资讯元素信息，如图 3-80 所示。

图 3-80　拖入赋值组件

不符合条件时，执行方法配置如图 3-81 所示。

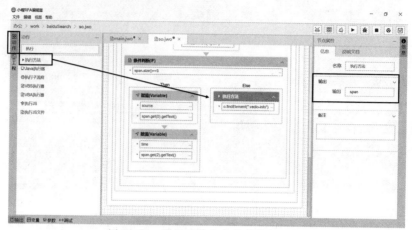

图 3-81　设置不符合条件时执行语句

再一次对数据进行判断，如图 3-82 所示。

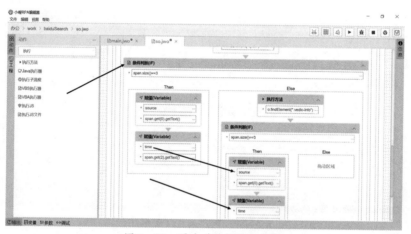

图 3-82　再次对数据进行判断

选择 List 定义将 "So" 对应的标题、来源、时间进行定义，如图 3-83 所示。

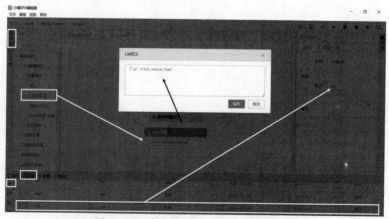

图 3-83　定义 So 的标题、来源、时间

最后选择执行方法，将数据封装进之前定义的参数 SoResult，如图 3－84 所示。

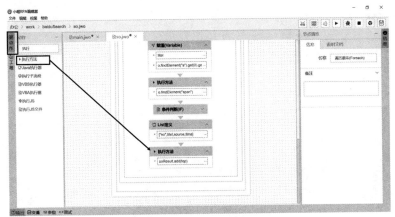

图 3－84　封装参数进参数 SoResult

　　最后回到 Main 文件。将打开 Excel 拖入，输入"workspace＋'result. xlsx'"，返回平台的结果文件，如图 3－85。将 List 定义拖入打开 Excel 画布中，如图 3－86 所示。

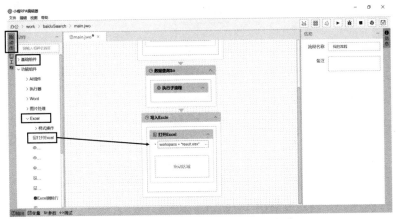

图 3－85　拖入打开 Excel，输入参数

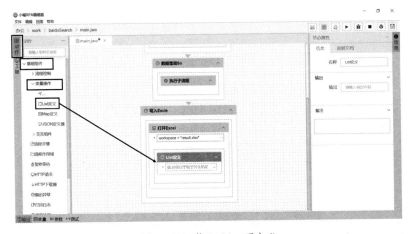

图 3－86　拖入 List 下定义

给当前 List 定义赋值，如图 3—87 所示。

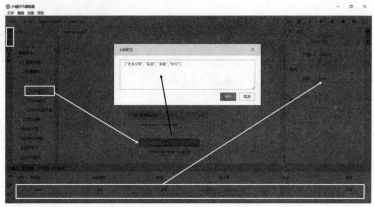

图 3—87　给 List 定义赋值

将 Excel 行写入内容拖入画布，选择 Head 这个数据，如图 3—88 所示。

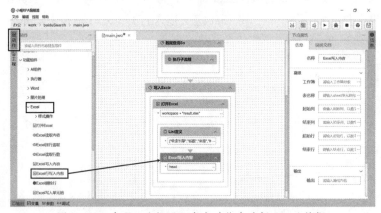

图 3—88　在 Excel 行写入内容动作中选择 Head 数据

将子流程爬取的数据，分别填入表格中。

写入百度获取的资讯信息，如图 3—89 所示。

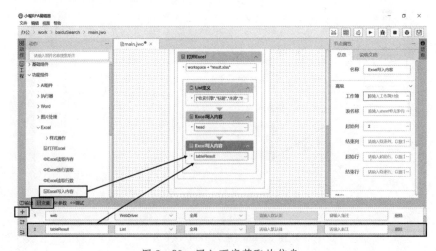

图 3—89　写入百度获取的信息

写入 So 资讯获取的信息，如图 3−90 所示。

图 3−90　写入 So 资讯获取的信息

到此整个流程开发完毕。

3.3.4　视频回放的使用

为保证场景执行，通过回放使操作用户可以方便地找出执行问题所在。点击已完成运行的任务，切换到视频回放标签，如图 3−91，即可播放录制的操作视频，从而回溯该任务运行的细节或排查异常原因。

图 3−91　回放功能的使用

第4章 编辑器组件及应用

本章主要讲述 RPA 编辑器中变量参数的定义及使用方法，各项组件的功能及程序的调试方法，使读者初步具备运用编辑器进行开发的能力。

4.1 变量/类的定义及方法

4.1.1 Int 类型

1. 类型介绍。

Int 数据类型是 32 位、有符号的以二进制补码表示的整数，可进行加减乘除等运算，通俗来说，Int 代表的就是纯整数。

2. 提供的方法见表 4−1。

表 4−1 Int 类型变量使用方法

方法/属性名称	用途	返回类型
ParseInt（String str）	将字符串转成 Int 类型	Int
Tostring（）	转为字符格式	String

3. 常用的方法示意。

（1）ParseInt（）。

先使用一个含有值的 Int 变量，例如 IntValue＝10，一个带需要转换的 String 变量，StrValue＝"5"。然后使用执行方法组件，输入 IntValue. ParseInt（StrValue），在组件的输出端设定好 IntValue。运行完成后，此时 IntValue＝5。

（2）Tostring（）。

设定一个含有值的 Int 变量，例如 IntValue＝10，准备一个需要保存转换后的 String 变量，命名为 StrValue＝""。使用执行方法组件，输入 IntValue. Tostring（），输出为 StrValue。运行完成后，此时 StrValue＝"10"。

4.1.2　Boolean 类型

Boolean 数据类型只能是 True 或 False。

4.1.3　String 类型

1. 类型介绍。

String 就是 C++、Java、VB 等编程语言中的字符串，用双引号引起来的几个字符，表现形式为"Abc""一天"。通俗来说，String 代表的就是一段文字，可以包含任何中文、英文、数字等。

2. 提供的方法见表 4-2。

表 4-2　Boolean 类型变量使用方法

方法/属性名称	用途	返回类型
Lenth（）	字符长度	Int
Split（）	字符串分割	String［］
IndexOf（String str）	目标字符串在该字符串第一次出现的位置	Int
LastIndexOf（String str）	目标字符串在该字符串最后一次出现的位置	Int
Substring（Int start）	删除某一位之前的字符	String
Substring（Int start，Int end）	删除某一位之前，以及某一位之后的字符	String
Matches（String str）	判断字符是否相同	Boolean
ToLowerCase（）	将字符转为小写	String
ToUpperCase（）	将字符转为大写	String
StartsWith（String str）	判断是否以某个字符开头	Boolean
EndsWith（String str）	判断是否以某个字符结尾	Boolean
Trim（）	移除字符串两侧的空白字符或其他预定义字符	String

4.1.4　Object 类型

提供一个最根上的类，相当于所有的类都是从这个类继承，这个类就叫 Object，也就是俗称的对象，用于存储键值对形式的数据。通俗来讲就是一个对象，无任何使用方法，单个键值对的类型取决于其本身，通常为 Int 或者 String。

4.1.5 List 类型

1. 类型介绍。

List 为数组，格式为 []，内以逗号分隔，按照索引，存放各种数据类型，每个位置代表一个元素。例如 ["lhf",12,"ok"]。

2. 提供的方法见表 4-3。

表 4-3 List 类型变量使用方法

方法/属性名称	用途	返回类型
Size ()	返回该集合大小	Int
Add (Int index，Object O)	在指定位置插入元素，后面的元素都往后移一个元素	无
Remove (Int index)	删除指定位置元素，后面的元素都往前移一个元素，并返回被删除元素	Object
Set (Int index，Object O)	修改指定位置元素，并返回该位置被修改前元素	Object

4.1.6 Map 类型

1. 类型介绍。

Map 相对于 Object 来说，提供了一个更通用的元素存储方法。Map 集合类用于存储元素对（称作"键"和"值"），其中每个键映射到一个值。

2. 提供的方法见表 4-4。

表 4-4 Map 类型变量使用方法

方法/属性名称	用途	返回类型
Get (String key)	获取指定键位的值	Object
Put (String ket，Object O)	修改对应键位的值，或是新增键值	无
ContainsKey (String key)	检查是否有某个键位	Boolean
Size ()	获取该键值对集合大小	Int
Remove (String key)	删除某个键位并返回该键位的值	Object

4.1.7 WoElement 类型

1. 类型介绍。

Web 中的元素输出对象，可以查看这个元素中的部分信息值。通俗来说是用来读取元素的名称、属性值，并操作元素点击或发送文本等操作。

2. 提供的方法见表 4—5。

表 4—5　WoElement 类型变量使用方法

方法/属性名称	用途	返回类型
SendKey（String keys）	模拟向这个元素输入文本	无
Click（）	模拟点击这个元素	无
GetAttribute（String attName）	获取元素对应属性的值	String
GetText（）	获取元素的文本	String
FindElement（String selector）	在该元素层级下寻找其他元素	List []
GetCssValue（String css）	获取元素的 Css 属性值	String
GetTagName（）	获取元素的标签名称	String
Submit（）	提交页面表单	无

4.1.8　JSONObject 类型

1. 类型介绍。

用于存储 JSON 格式的 Object 对象，继承了 JSON 的操作方式。

2. 提供的方法见表 4—6。

表 4—6　JSONObject 类型变量使用方法

方法/属性名称	用途	返回类型
GetBoolean（String str）	获取布尔值	Boolean
GetString（String str）	获取字符串值	String
Get（String str）	获取 Object 对象	Object
GetJSONObject（String str）	获取 JSONObject 对象	JSONObject
GetJSONArray（String str）	获取 JSONArray 对象	JSONArray
GetInt（String str）	获取 Int 对象	Int
ContainKey（String str）	判断是否包含指定的键名	Boolean
Put（String str，Object O）	修改或者新增键值	无
Remove（String str）	删除指定键	Object
ToJSONString（）	转换为 JSON 字符串	String
ToJavaObject（clazz）	转换为 JavaObject 对象	Object
Replace（String key，Object value）	替换指定键值	Object

4.1.9 JSONArray 类型

1. 类型介绍。

用于存储 JSON 格式的 Array 数组，继承了 JOSN 和 Array 的操作方式。

2. 提供的方法见表 4—7。

表 4—7 JSONArray 类型变量使用方法

方法/属性名称	用途	返回类型
Size（）	获取 JSONArray 的长度	Int
Get（Int i）	获取指定位置对象	Object
GetString（Int i）	获取指定位置字符串	String
GetBoolean（Int i）	获取指定位置布尔值	Boolean
GetJSONObject（Int i）	获取指定位置 JSONObject 对象	JSONObject
GetJSONArray（Int i）	获取指定位置 JSONArray 对象	JSONArray
ToJSONString（）	输出为 JSON 字符串	String
Remove（int i）	删除指定位置对象，并返回该对象	Object

4.1.10 MailEntity 类型

1. 类型介绍。

邮件组件的输出，可以查看邮件内的相关信息。

2. 提供的方法见表 4—8。

表 4—8 MailEntity 类型变量使用方法

方法/属性名称	用途	返回类型
GetFrom（）	获取发件人地址	String
GetCc（）	获取抄送人地址	List
GetTo（）	获取收件人地址	List
GetReplyTo（）	获取回复邮件时的收件人	String
GetSubject（）	获取邮件主题	String
GetHtmlContent（）	获取 Html 内容	String
GetPlainContent（）	获取纯文本邮件内容	List
GetAttachment（）	获取附件对象集合	List

方法/属性名称	用途	返回类型
GetFileNames（）	获取文件名称列表	List

4.1.11　HttpResponse 类型

1. 类型介绍。

HTTP 请求的响应地址，可以查看相应头部、相应内容等。

2. 提供的方法见表 4-9。

表 4-9　HttpResponse 类型变量使用方法

方法/属性名称	用途	返回类型
GetHeader（String header）	获取头的信息	String
GetCode（）	获取请求返回码	Int
GetContentType（）	获取请求 ContentType 信息	String
GetCharSet（）	获取请求字符集类型信息	String
GetBody（）	获取请求结果的文本信息	String
GetJSONObjectBody（）	获取请求结果的 JSON 格式信息	JSONObjcet
GetJSONArrayBody（）	获取请求结果的 JSONArray 格式信息	JSONArray

4.2　基础组件

4.2.1　变量操作

4.2.1.1　赋值

1. 功能介绍。

将一个值或变量赋予另一个指定的变量。

2. 画布功能图。

需要赋值的变量：被赋值对象，类型可以为 Int、String、List、Object、Boolean、Map 和 Json。

赋予的值：值或变量，也可以是一个简易的表达式，如图 4-1 所示。

图 4-1 赋值示意图

4.2.1.2 定义（List、Map、Json）

1. 功能介绍。

定义一个对象并赋值，这个对象可以为 List、Map、Json，每个不同的类型有着独立的定义方式。

2. 输入。

List 定义：必须以"〔"开始和"〕"结束，例如 ["str1","str2"，int1，int2]，每个元素只能为 Int 或 String 类型。

Map 定义：Map 类型的值，例如 {"a":"1","b":"2"}，以键值对的形式存在。

Json 定义：必须是标准的 Json 字符串，需通过格式化验证。Json 数组格式：[{"a":"1","b":"2"}，{"a":"2","b":"3"}]，Json 对象格式：{"a":"1","b":"2"}。

3. 画布功能图。

值：输入需要定义的值。

4. 输出。

变量：将定义好的值赋予该变量，如图 4-2、图 4-3、图 4-4 所示。

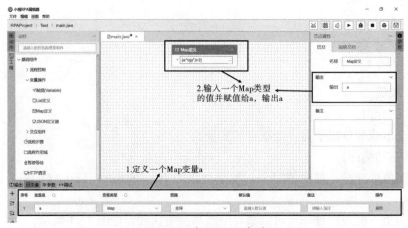

图 4-2 定义 Map 类型

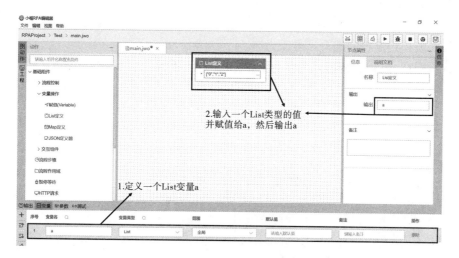

图 4-3　定义 List 类型

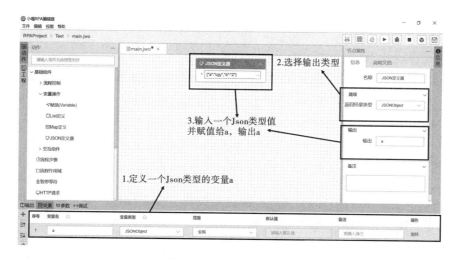

图 4-4　定义 Json 类型

4.2.2　流程控制

4.2.2.1　条件判断

1. 功能介绍。

判断条件是否满足,当满足时执行 Then 内部的流程,不满足时执行 Else 内部的流程。

2. 输入。

无。

3. 画布功能图。

条件 (Boolean):可以是单个 Boolean 值,也可以是表达式,当结果为 True 时执行 Then 流程,结果为 False 时执行 Else 流程 (复合判断:与的符号为 &&,或的符号

为 | |)。

Then 流程：流程的编写，可以为空。

Else 流程：流程的编写，可以为空，如图 4-5 所示。

4. 输出。

无。

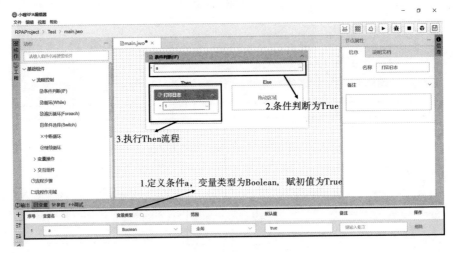

图 4-5　条件判断流程

4.2.2.2　循环

1. 功能介绍。

程序会在循环体每执行一次后，进行一次表达式的判断。如果表达式的返回值为"True"（即满足循环条件）时，则循环体内的流程会反复执行；如果表达式的返回值为"False"（即不满足循环条件）时，则循环终止。

2. 输入。

先执行（Boolean）：选择"是"或"否"，选择为"是"时，先执行流程再进行条件判断；选择为"否"时，先进行条件判断再执行流程。

3. 画布功能图。

条件（Boolean）：可以是单个 Boolean 值，也可以是表达式，当结果为 True 时循环执行流程框里的流程，结果为 False 跳过本次循环。

流程框：流程编写，循环过程中循环条件在流程里变动，以保证不会成为一个死循环，如图 4-6 所示。

4. 输出。

无。

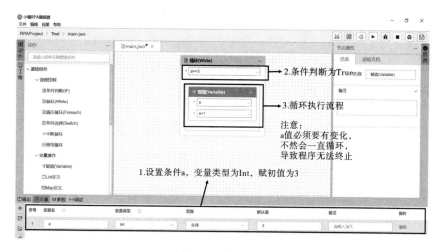

图 4-6　循环流程

4.2.2.3　遍历循环

1. 功能介绍。

List 是一个泛型集合，Foreach 是循环遍历 List 集合里面的元素，直到遍历完 List 中的所有元素。

遍历 List 时，每次遍历都将 List 集合中的元素赋给 Item。

2. 输入。

无。

3. 画布功能图。

Item（无固定类型）：对应 List 中元素的类型，遍历时作为 List 中每个元素的储值对象，并进行操作。

List（List 类型）：被遍历的数组对象。

4. 输出。

含有隐藏变量 Index，值等于当前循环次数，默认从 0 开始，如图 4-7 所示。

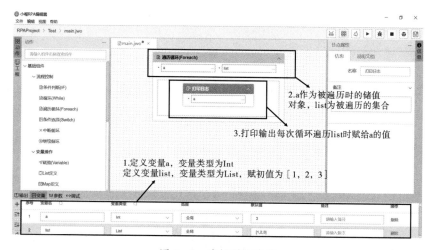

图 4-7　遍历循环流程

4.2.2.4 条件选择

1. 功能介绍。

根据输入对象中给定表达式的值，从要执行多个活动中选择满足条件的选项。

语句判断一个变量与一系列值中某个值是否相等，每个值称为一个分支。

2. 输入。

无。

3. 画布功能图。

Switch 对象（无固定类型）：在条件表达式中被判断的条件。

Case（无固定类型）：对应 Switch 对象类型，是一个值。

流程框：流程编写，当 Switch 对象等于 Case 值时，执行流程，如图 4-8 所示。

4. 输出。

无。

图 4-8 条件选择流程

4.2.2.5 中断循环

1. 功能介绍。

跳出循环，执行循环外动作。

2. 输入。

中断动作名称（String）：填写需要继续到的包含区域的动作名称（名称相同，继续到最近的动作）。必须为父级区域的动作名称。不填则自动选择最近的循环动作，如图 4-9 所示。

3. 画布功能图。

无。

4. 输出。

无。

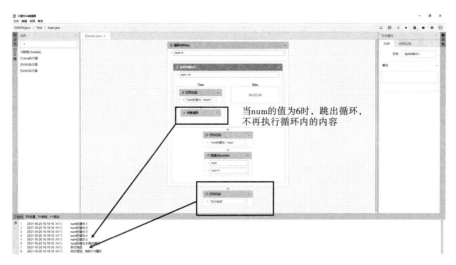

图 4−9　中断循环流程

4.2.2.6　继续循环

1. 功能介绍。

终止本次循环,接着执行下一个循环。默认继续到外层最近的 While 或 For 组件循环。

2. 输入。

继续动作名称(String):填写需要继续到的包含区域的动作名称(名称相同继续到最近的动作)。必须为父级区域的动作名称,如图 4−10 所示。

3. 画布功能图。

无。

4. 输出。

无。

图 4−10　继续循环流程

4.2.3 交互组件

1．功能介绍。

向 RPA 服务平台中心上传数据处理量，只有通过 RPA 服务平台执行完成任务，并且对应任务工程含有该组件，才能在平台上展现出处理的业务数据量。

2．输入。

无。

3．画布功能图。

数据量（Int）：需要上传的数据量。

4．输出。

输出（Boolean）：是否上传成功，如图 4－11 所示。

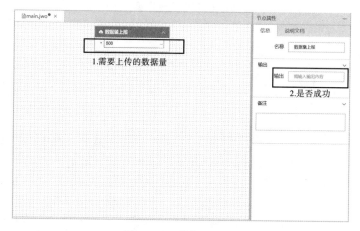

图 4－11 数据量上报

4.2.4 流程步骤

1．功能介绍。

定义一个步骤，其中步骤名称为组件名称，将该步骤的开始、结束、异常自动上传到平台。

2．输入。

名称（String）：组件名称即步骤名称。

选择文件（Mp4）：选择一个 Mp4 视频上传到工程（选填，该视频为当前流程步骤业务流程视频）。

3．画布功能图。

流程框：编写当前步骤下的流程，如图 4－12 所示。

4．输出。

无。

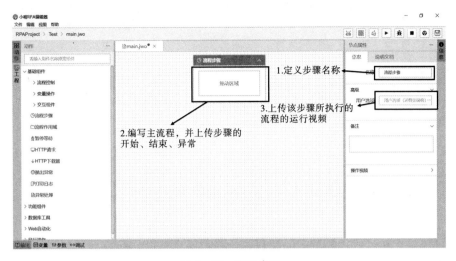

图 4-12　流程步骤

4.2.5　流程作用域

1. 功能介绍。

规划一个流程作用范围，容器内归纳多个组件。

2. 输入。

无。

3. 画布功能图。

流程框：编写流程，如图 4-13 所示。

4. 输出。

无。

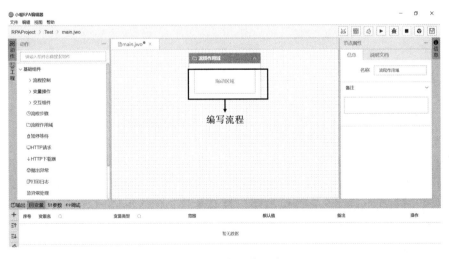

图 4-13　流程作用域

4.2.6 暂停等待

1. 功能介绍。

暂停等待一段时间，单位为秒。

2. 输入。

无。

3. 画布功能图。

等待时间（Int）：暂停执行，单位为秒，如图 4-14 所示。

4. 输出。

无。

图 4-14 暂停等待

4.2.7 HTTP 请求

1. 功能介绍。

发送一个 HTTP 请求。

2. 输入。

请求方法：选择 Get 请求或 Post 请求。

Cookie（String）：储存在用户本地终端上的数据，用于网站辨识用户，必填。

ContentType（String）：一般是指网页中存在的 Content-Type，用于定义网络文件的类型和网页的编码，决定浏览器将以什么形式、什么编码读取这个文件，比如有 text/plain，charset=UTF-8、application/json，charset=UTF-8、multipart/form-data，boundary=something 等。

编码（String）：指定一个编码作为请求参数的编码格式，默认为 UTF-8。

请求参数（String）：HTTP 发送请求时携带的请求参数，发送请求之前会对其进行编码（如果为字符串则解析为 Json，如果为对象转换为对应参数）。

请求头（Map）：HTTP 发送请求时携带的请求头。

请求超时时间（Int）：发送请求尝试请求时间，超过时间抛出异常，使用异常捕获组件获取异常，单位为秒。

3. 画布功能图。

URL 地址（String）：被发送请求的地址，必填。

4. 输出。

请求结果（HttpResponse）：请求执行过后的结果，内容包含响应正文数据，如图 4−15 所示。

图 4−15　HTTP 请求

4.2.8　HTTP 下载器

1. 功能介绍。

发送一个 HTTP 请求下载文件。

2. 输入。

请求方法：选择 Get 请求或 Post 请求。

Cookie（String）：储存在用户本地终端上的数据，用于网站辨识用户，必填。

编码（String）：指定一个编码作为请求参数的编码格式，默认为 UTF−8。

请求参数（String）：HTTP 发送请求时携带的请求参数，发送请求之前会对其进行编码（如果为字符串则解析为 Json，如果为对象转换为对应参数）。

请求头（Map）：HTTP 发送请求时携带的请求头。

请求超时时间（Int）：发送请求尝试请求时间，超过时间抛出异常，使用异常捕获组件获取异常，单位为秒。

返回类型：选择输出文件保存路径或者文件的 Base64 码值。

3. 画布功能图。

URL 地址（String）：被发送请求的地址。

4. 输出。

请求结果（String）：文件保存路径或者文件的 Base64 码值，如图 4-16 所示。

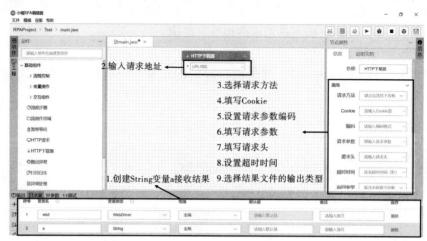

图 4-16　HTTP 下载器

4.2.9　抛出异常

1. 功能介绍。

抛出一个异常信息，将该异常信息输出在程序的输出面板上；上传错误代码供平台查错和展示，将该错误代码对应的错误内容输出在平台任务的步骤显示界面上。错误代码定义规则如下。

（1）200~299：内置预定义代码，禁止使用。

（2）300~399：流程运行错误类，此区间错误代码用于表示流程运行错误。此区间代码中 300 表示找不到元素错误，从 301 至 399 可以自定义。

（3）400~499：用户操作错误类，此区间用于定义用户输出或者使用不当错误，此区间代码中 400 表示账号和密码错误，401 表示用户输入数据格式校验错误，从 402 至 499 可自定义。

错误码定义后，应提交到错误码在线表格——小喔错误代码定义。

2. 输入。

无。

3. 画布功能图。

异常信息（String）：需要抛出的异常信息。

错误代码（Int）：根据错误类型得到对应的错误代码，工程师可自定义错误代码，如图 4-17 所示。

4. 输出。

无。

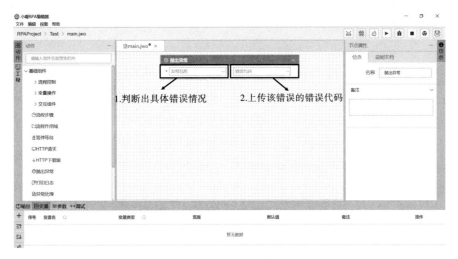

图 4-17 抛出异常

4.2.10 打印日志

1. 功能介绍。

在输出面板中输出内容。

2. 输入。

无。

3. 画布功能图。

日志内容（无固定类型）：需要输出的内容，如图 4-18 所示。

4. 输出。

无。

图 4-18 打印日志

4.2.11 异常处理

1. 功能介绍。

运行 Try 流程，若程序报错，跳转到 Catch 流程运行，注意 Catch 流程不支持主流程的继续运行，应作为程序的结尾处理来抛出异常。

当有异常时，Catch/Finally 框中内置变量：ExceptionMsg（异常信息）、ExceptionAction（异常动作名称）、ExceptionClass（异常类路径）。

2. 输入。

无。

3. 画布功能图。

Try 流程框：编写主流程。

Catch 流程框：捕获异常，上传错误，如图 4-19 所示。

4. 输出。

无。

图 4-19 异常处理

4.3 功能组件

4.3.1 图片下载器

1. 功能介绍。

将网页上的图片保存到本地指定路径。

2. 输入。

无。

3. 画布功能图。

图片下载路径（String）：图片在网页上的下载路径。

图片在本地保存的路径（String）：图片在本地保存的路径。

4. 输出。

被保存文件的绝对路径（Json）：被保存文件的绝对路径，如图 4-20 所示。

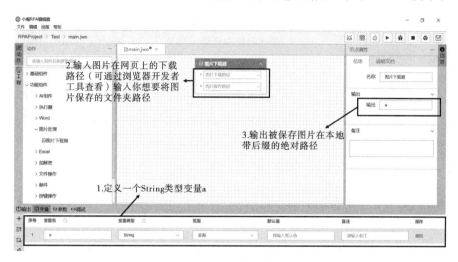

图 4-20　图片下载器

4.3.2　Excel

4.3.2.1　打开 Excel

1. 功能介绍。

作为大多 Excel 操作的容器，小喔中大多 Excel 操作都需要依赖本控件生效。

2. 输入。

是否创建文件（Boolean）：当 Excel 文件存在，必须选否；当文件不存在时，必须选是，自动创建一个目标文件。

3. 画布功能图。

Excel 文件路径（String）：需要编辑的 Excel 文件的绝对路径，文件可以不存在。

4. 输出。

工作簿（WorkbookInfo）：将被打开 Excel 作为 WorkbookInfo 对象被创建，如图 4-21所示。

图 4—21　打开 Excel

4.3.2.2　Excel 读取内容

1. 功能介绍。

读取 Excel 表中指定范围的内容。

2. 输入。

工作簿（WorkbookInfo）：由目标 Excel 打开后导出的表格对象。

表名称（String）：工作簿中需进行操作的 Sheet 页。

起始列（Int）：读取该表内容从哪一列开始，默认第一列。

结束行（Int）：读取该表内容到哪一行结束，默认最后一行。

结束列（Int）：读取该表内容到哪一列结束，默认最后一列。

3. 画布功能图。

起始行（Int）：读取该表内容从哪一行开始，默认第一行。

4. 输出。

表内容（List＜List＜Object＞＞）：表内容。其中 List＜Object＞表示一行数据，List＜List＜Object＞＞表示多行数据，如图 4—22 所示。

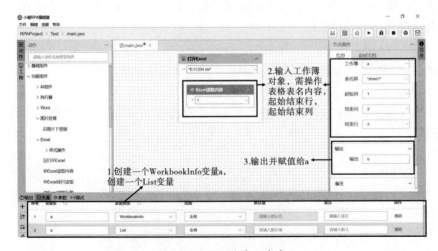

图 4—22　Excel 读取内容

4.3.2.3　Excel **按行读取**

1. 功能介绍。

读取 Excel 中指定行的内容。

2. 输入。

表名称（String）：工作簿中需进行操作的 Sheet 页。

起始列（Int）：读取该行内容从哪一列开始，默认第一列。

结束列（Int）：读取该行内容到哪一列结束，默认最后一列。

3. 画布功能图。

行号（Int）：指定要读取的行。

4. 输出。

行数据（List）：指定行的数据，如图 4-23 所示。

图 4-23　Excel 按行读取

4.3.2.4　Excel **写入内容**

1. 功能介绍。

往 Excel 表中指定范围写入内容。

2. 输入。

工作簿（WorkbookInfo）：由目标 Excel 打开后导出的表格对象。

表名称（String）：工作簿中需进行操作的 Sheet 页。

起始行（Int）：写入该表内容从哪一行开始，默认第一行。

起始列（Int）：写入该表内容从哪一列开始，默认第一列。

结束行（Int）：写入该表内容到哪一行结束，默认最后一行。

结束列（Int）：写入该表内容到哪一列结束，默认最后一列。

3. 画布功能图。

表内容（List<List<Object>>）：要写入表的内容。其中 List<Object>表示一行数据，List<List<Object>>表示多行数据。

4. 输出。

是否成功写入（Boolean）：是否成功写入数据，如图 4-24 所示。

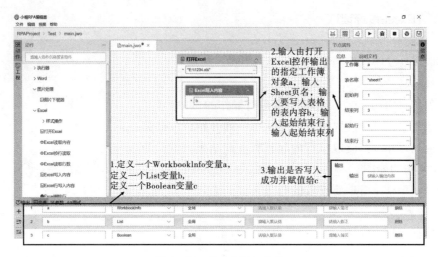

图 4－24 Excel 写入内容

4.3.2.5 Excel 行写入内容

1. 功能介绍。

往 Excel 中指定行写入内容。

2. 输入。

工作簿（WorkbookInfo）：由目标 Excel 打开后导出的表格对象。

表名称（String）：工作簿中需进行操作的 Sheet 页。

行号（Int）：指定要写入的行。

起始列（Int）：写入该行内容从哪一列开始，默认第一列。

3. 画布功能图。

写入内容（List）：要写入指定行的内容。

4. 输出。

是否写入成功（Boolean）：是否成功写入数据，如图 4－25 所示。

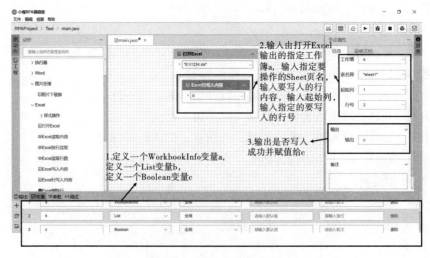

图 4－25 Execl 行写入内容

4.3.2.6　Excel **删除行**

1. 功能介绍。

删除 Excel 中指定行的内容。

2. 输入。

工作簿（WorkbookInfo）：由目标 Excel 打开后导出的表格对象。

表名称（String）：工作簿中需进行操作的 Sheet 页。

3. 画布功能图。

行号（Int）：指定要删除的行，默认第一行。

4. 输出。

是否删除成功（Boolean）：是否成功删除指定行，如图 4－26 所示。

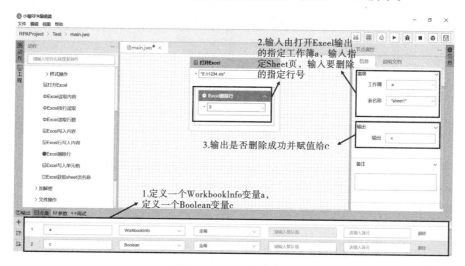

图 4－26　Excel 删除行

4.3.2.7　Excel **写入单元格**

1. 功能介绍。

往 Excel 中指定单元格写入内容。

2. 输入。

工作簿（WorkbookInfo）：由目标 Excel 打开后导出的表格对象。

表名称（String）：工作簿中需进行操作的 Sheet 页。

3. 画布功能图。

单元格坐标（String）：指定单元格的坐标，格式：B12。

写入内容（String）：要写入指定单元格的内容。

4. 输出。

是否写入成功（Boolean）：是否成功写入单元格，如图 4－27 所示。

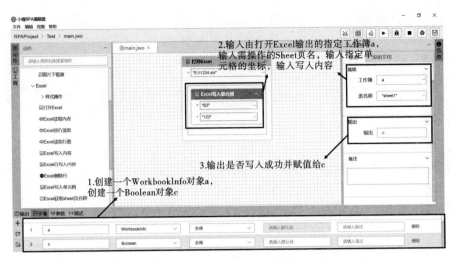

图 4-27　Excel 写入单元格

4.3.2.8　Excel **获取** Sheet **页名称**

1. 功能介绍。

获取 Excel 中所有 Sheet 页名的集合。

2. 输入。

工作簿（WorkbookInfo）：由目标 Excel 打开后导出的表格对象。

3. 画布功能图。

无。

4. 输出。

Sheet 页名的集合（List）：目标 Excel 中所有 Sheet 页名的集合，如图 4-28 所示。

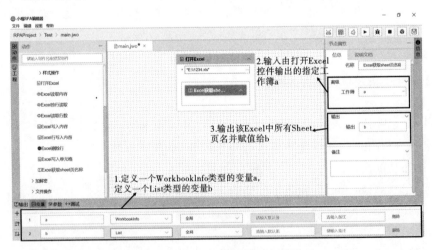

图 4-28　Excel 获取 Sheet 页名称

4.3.2.9　**设置单元格样式**

1. 功能介绍。

设置单元格背景颜色。

2．输入。

工作表对象（WorkbookInfo）：由目标 Excel 打开后导出的表格对象。

背景填充方式（String）：单元格背景的填充方式。

Sheet 位置（Int）：设置单元格颜色的 Sheet 页位置，从 0 开始。

3．画布功能图。

背景色（String）：单元格背景颜色，采用 16 进制颜色码，如 FFB4E9。

行号（Int）：需要设置单元格颜色的行位置，从 0 开始。

列号（Int）：需要设置单元格颜色的列位置，从 0 开始，如图 4-29 所示。

4．输出。

无。

图 4-29　设置单元格样式

4.3.2.10　字体格式

1．功能介绍。

设置单元格字体格式。

2．输入。

工作表对象（WorkbookInfo）：由目标 Excel 打开后导出的表格对象。

斜体（Boolean）：是否添加字体斜体。

粗体（Boolean）：是否添加字体粗体。

删除线（Boolean）：是否添加删除线。

下划线（String）：添加下划线格式。

字体颜色（Short）：字体颜色，采用 16 进制颜色码，如 FFB4E9。

字体大小（Int）：字体大小，如 12 磅。

字体（String）：字体类型，如宋体、仿宋等。

Sheet 位置（Int）：Sheet 页位置，从 0 开始。

3．画布功能图。

行号（Int）：需要设置单元格字体的行位置，从 0 开始。

列号（Int）：需要设置单元格字体的列位置，从 0 开始，如图 4-30 所示。

4. 输出。

无。

图 4-30　字体格式

4.3.2.11　单元格颜色

1. 功能介绍。

设置单元格样式。

2. 输入。

工作表对象（WorkbookInfo）：由目标 Excel 打开后导出的表格对象。

斜体（Boolean）：是否添加字体斜体。

粗体（Boolean）：是否添加字体粗体。

删除线（Boolean）：是否添加删除线。

下划线（String）：添加下划线格式。

字体颜色（Short）：字体颜色，采用 16 进制颜色码，如 FFB4E9。

字体大小（Int）：字体大小，如 12 磅。

字体（String）：字体类型，如宋体、仿宋等。

Sheet 位置（Int）：Sheet 页位置，从 0 开始。

3. 画布功能图。

行号（Int）：需要设置单元格颜色的行位置，从 0 开始。

列号（Int）：需要设置单元格颜色的列位置，从 0 开始。

4. 输出。

无。

4.3.3　加/解密

4.3.3.1　SM2 加/解密

1. 功能介绍。

进行 SM2 字符串的加密或解密。

2. 输入。

加/解密（Boolean）：选择加密或是解密。

3. 画布功能图。

内容（String）：待加密或解密的文本。

密钥（String）：加/解密所需要的密钥。

4. 输出。

输出结果（String）：加/解密后的内容，如图 4-31 所示。

图 4-31　SM2 加解密

4.3.3.2　SM2 密匙生成

1. 功能介绍。

进行 SM2 字符串的加密或解密。

2. 输入。

无。

3. 画布功能图。

无。

4. 输出。

输出结果（String）：SM2 密匙对，List［0］表示私钥，List［1］表示公钥。公钥加密，私钥解密，如图 4-32 所示。

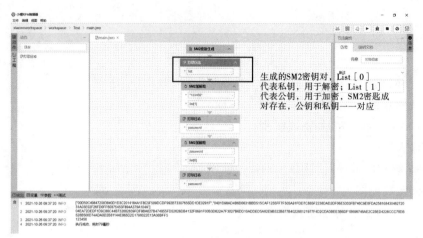

图 4-32　SM2 密匙生成

4.3.3.3　SM3 加密

1. 功能介绍。

对字符串进行 SM3 加密。

2. 输入。

无。

3. 画布功能图。

内容（String）：待加密的文本。

4. 输出。

输出结果（String）：加密后的内容，如图 4-33 所示。

图 4-33　SM3 加密

4.3.3.4　SM4 加/解密

1. 功能介绍。

SM4 字符串的加密或解密。

2. 输入。

密钥（String）：当模式为 CBC 时必填。

模式（String）：模式分为 CBC 及 ECB，默认为 ECB 模式。

加/解密（Boolean）：选择加密或是解密。

是否填充（Boolean）：默认为填充。

3．画布功能图。

内容（String）：待加密或解密的文本。

密钥（String）：加/解密所需要的密钥。

4．输出。

输出结果（String）：加/解密后的内容。

4.3.3.5　DES 加/解密

1．功能介绍。

DES 加/解密工具。

2．输入。

密钥（String）：加/解密所需要的密钥。

加/解密（Boolean）：选择加密或是解密。

3．画布功能图。

无。

4．输出。

输出结果（String）：加密后的内容，如图 4-34 所示。

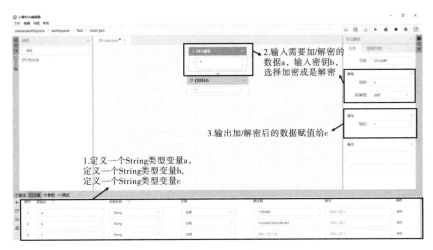

图 4-34　DES 加密

4.3.3.6　3DES 加/解密

1．功能介绍。

3DES 加/解密工具。

2．输入。

密钥（String）：加/解密所需要的密钥。

加/解密（Boolean）：选择加密或是解密。

3．画布功能图。

无。

4. 输出。

输出结果（String）：加/解密后的内容，如图 4-35 所示。

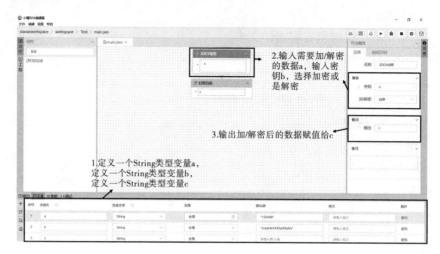

图 4-35　3DES 加密

4.3.3.7　MD5 **加密**

1. 功能介绍。

对字符串进行 MD5 加密。

2. 输入。

盐值（String）：一串人为指定的盐值加密字符串。

是否加盐（Boolean）：是否带盐加密。

3. 画布功能图。

内容（String）：待处理的数据。

4. 输出。

输出结果（String）：加密后的内容，如图 4-36 所示。

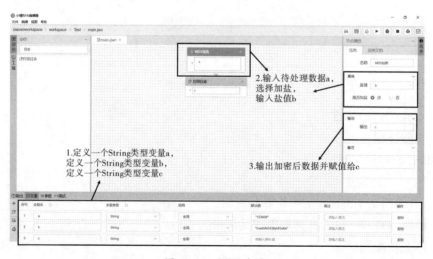

图 4-36　MD5 加密

4.3.3.8　RSA 加/解密

1. 功能介绍。

RSA 加/解密工具。

2. 输入。

公钥（String）：加/解密所需要的密钥。

私钥（String）：加/解密所需要的密钥。

加/解密（Boolean）：选择加密或是解密。

3. 画布功能图。

内容（String）：待加/解密的文本。

4. 输出。

结果（String）：加/解密后的内容，如图 4-37 所示。

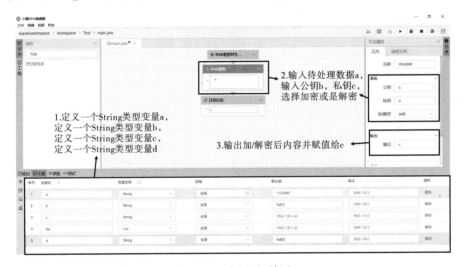

图 4-37　RSA 加/解密

4.3.3.9　RSA 生成密钥对

1. 功能介绍。

随机生成 RSA 密钥对。

2. 输入。

无。

3. 画布功能图。

无。

4. 输出。

密钥对（List）：第一位公钥，第二位私钥，如图 4-38 所示。

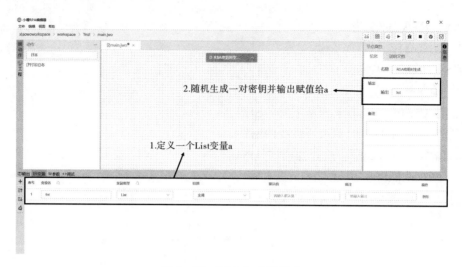

图 4—38 RSA 生成密钥对

4.3.3.10 AES 加/解密

1. 功能介绍。

AES 加/解密工具。

2. 输入。

密钥（String）：加/解密所需要的密钥。

加/解密（Boolean）：选择加密或是解密。

3. 画布功能图。

内容（String）：待处理的数据。

4. 输出。

结果（String）：加/解密后的内容，如图 4—39 所示。

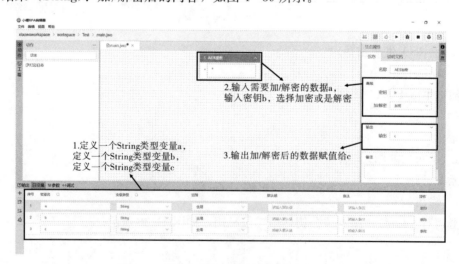

图 4—39 AES 加/解密

4.3.4　文件操作

4.3.4.1　**读取文本**

1. 功能介绍。

读取 Txt 文本内容。

2. 输入。

开始行（Int）：读取文本的开始行，默认为第一行。

结束行（Int）：读取文本的结束行，默认为最后一行。

编码（String）：输出结果的编码类型，默认为"UTF−8"。

3. 画布功能图。

文件路径（String）：文件路径。

4. 输出。

结果（List<String>）：输出文本内容，如图 4−40 所示。

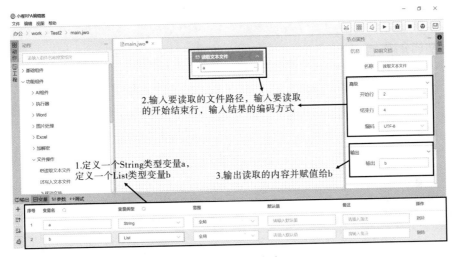

图 4−40　读取文本

4.3.4.2　**写入文本**

1. 功能介绍。

写入 Txt 文本内容。

2. 输入。

后面追加（Boolean）：是否在文本文件最后追加，"是"追加，"否"重新写入，默认为"是"。

编码（String）：输入内容的编码类型，默认为"UTF−8"。

3. 画布功能图。

文件路径（String）：文件路径。

写入内容（List<String>）：要写入文本的内容。

4. 输出。

写入是否成功（Boolean）：写入是否成功，如图 4-41 所示。

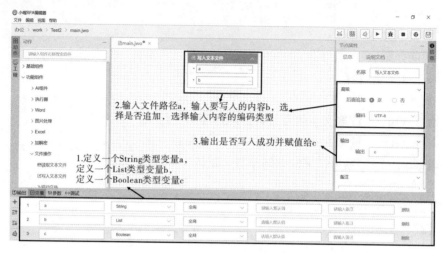

图 4-41　写入文本

4.3.4.3　移动文件

1. 功能介绍。

移动本地文件路径。

2. 输入。

无。

3. 画布功能图。

文件源路径（String）：需要移动文件的源路径。

文件目标路径（String）：文件目标路径。

4. 输出。

是否移动成功（Boolean）：是否成功移动文件，如图 4-42 所示。

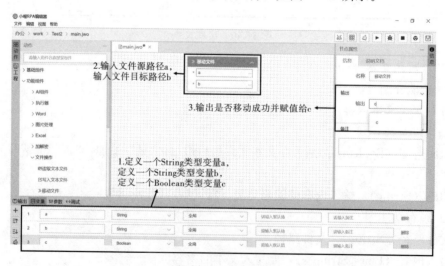

图 4-42　移动文件

4.4　数据库操作

4.4.1　打开数据库

1. 功能介绍。

生成 SM2 密匙对。

2. 输入。

无。

3. 画布功能图。

地址（String）：数据库 IP 地址＋"："＋端口＋"／"＋数据库名，例如 127.0.0.1：3306/mydb。

用户名（String）：连接数据库的用户名。

密码（String）：连接数据库的密码。

流程框：放置其他数据库工具组件

4. 输出。

数据库连接对象（Connection）：数据库连接对象，如图 4—43 所示。

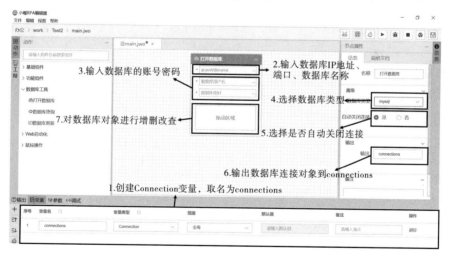

图 4—43　打开数据库

4.4.2　数据库查询

1. 功能介绍。

对数据库连接对象进行查询操作。

2. 输入。

数据连接（Connection）：要进行操作的数据库对象，从打开数据库组件返回值中获得。若该组件在"打开数据库"组件流程框中则该选项选填。

3. 画布功能图。

SQL 语句（String）：要执行的 Select SQL 语句。

4. 输出。

执行结果（List<Map<string，object>>）：输出执行的查询语句的结果，该数据为多行键值对的数据格式。Map<String，object>表示一行数据，List<Map<String，object>>表示多行数据，如图 4-44 所示。

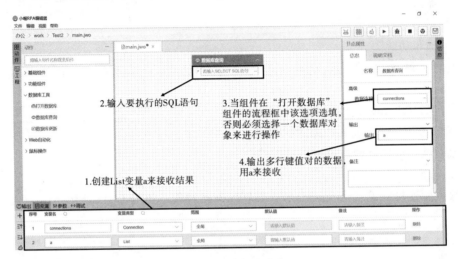

图 4-44　数据库查询

4.4.3　数据库更新

1. 功能介绍。

对数据库连接对象进行添加、修改、删除操作。

2. 输入。

数据连接（Connection）：要进行操作的数据库对象，若该组件在"打开数据库"组件流程框中则该选项选填。

3. 画布功能图。

SQL 语句（String）：要执行的 Insert、Delete、Update SQL 语句。

4. 输出。

执行结果（Int）：获取 SQL 语句操作是否成功，0 为失败，大于 0 为成功，如图 4-45 所示。

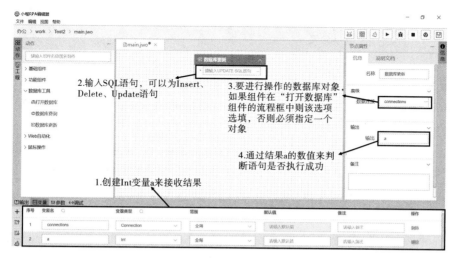

图 4-45　数据库更新

4.5　选择器

选择器是用来定位 HTML 层中的元素层，在小喔 RPA 编辑器里共有 5 种选择器，分别为类（Class）选择器、ID 选择器、标签（TagName）选择器、Xpath 选择器和文本选择器。每个选择器有着不同的特定使用方法符号。

4.5.1　类选择器

类选择器对应 CSS 元素操作中的 Class 选择器，通过 HTML 层的 Class 名称来定位对应元素的选中。它的指定符号为 "."。

示例：HTML 层上假定有一层元素为＜input id="kw" name="wd" class="s _ ipt" value="" maxlength="255" autocomplete="off"＞

此时需要选中该元素时，通过 Class 元素的值 s _ ipt 来选中。那么在小喔 RPA 编辑器内，使用输入内容组件，里面的值填写为 ". s _ ipt"，即可定位到该元素并且填入内容。

4.5.2　ID 选择器

ID 选择器对应 CSS 元素操作中的 ID 选择器，通过 HTML 层的 ID 名称值来定位对应元素的选择，它的指定符号为 "♯"

示例：HTML 网页上假定有一层元素为：＜input id="kw" name="wd" class="s _ ipt" value="" maxlength="255" autocomplete="off"＞，此时需要选中该元素时，通过 id 元素的值 kw 来选中。那么在小喔 RPA 编辑器内，使用输入内容组件，里面的值填写为 "♯kw"，即可定位到该元素并且填入内容。

4.5.3 TagName 选择器

TagName 选择器对应 CSS 元素操作中的 TagName 选择器，通过 HTML 层的 TagName 名称值来定位对应元素的选择，它的指定符号为为空，不含有任何符号。

示例：HTML 网页上假定有一层元素为：<input id="kw" name="wd" class="s _ ipt" value="" maxlength="255" autocomplete="off">，此时需要选中该元素时，通过 TagName 元素的值 input 来选中。那么在小喔 RPA 编辑器内，使用输入内容组件，里面的值填写为"input"，即可定位到该元素并且填入内容。

4.5.4 Xpath 选择器

Xpath 选择器对应 CSS 元素操作中的 Xpath 绝路路径选择器，通过 HTML 层的 Xpath 名称值来定位对应元素的选择，它的指定符号为空，不含有任何符号。

示例：HTML 网页上假定有一层元素（因 Xpath 需要整个 HTML 元素层，此次用百度页面的搜索框元素作为 Xpath 引用）为：<input id="kw" name="wd" class=" s _ ipt" value="" maxlength="255" autocomplete="off">，此时需要选中该元素时，通过 Xpath 来选中。那么在小喔 RPA 编辑器内，使用输入内容组件，里面的值填写为"/html/body/div/div [2] /div [5] /div [1] /div/form/span [1] /input"，即可定位到该元素并且填入内容。

4.5.5 LinkText 选择器

LinkText 选择器对应 CSS 元素操作中的 Text 绝路路径选择器，通过 HTML 层的 Text 名称值来定位对应元素的选择，它的指定符号为"&."。

示例：HTML 网页上假定有一层元素为：<a class="c-font-medium new-inc-rs-item" href="www. xxx. com/s/sgu" name="wd" >小喔学院</a>，此时需要选中该元素时，通过 LinkText 元素的值"小喔学院"来选中。那么在小喔 RPA 编辑器内，使用输入内容组件，里面的值填写为"& 小喔学院"，即可定位到该元素并且填入内容。

4.6 Web 自动化

4.6.1 打开浏览器

1. 功能介绍。

启动并打开浏览器，支持打开 Chrome、IE8－IE11、Firefox。

2. 输入。

浏览器（String）：选择要使用的浏览器类型，默认使用 Chrome。

自动关闭（Boolean）：是否在流程运行结束后关闭浏览器，默认关闭，选填。

最大化（Boolean）：是否最大化浏览器窗口，默认否，选填。

3. 画布功能图。

地址（String）：要打开的网页地址。

流程框：编写网页上的自动化流程。

4. 输出。

浏览器对象（WebDriver）：输出当前网页为浏览器对象，可以使之后的组件对其进行操作，如图 4-46 所示。

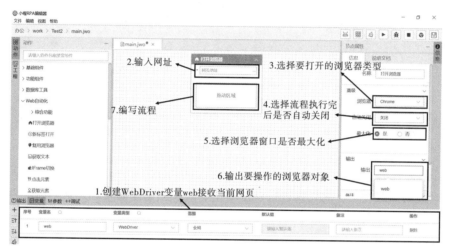

图 4-46　打开浏览器

4.6.2　复用浏览器

1. 功能介绍。

重新附加到已经打开浏览器，支持附加到 Chrome、IE8-IE11、Firefox。

2. 输入。

浏览器（String）：选择要使用的浏览器类型，默认使用 Chrome。

自动关闭（Boolean）：是否在流程运行结束后关闭浏览器，默认关闭，选填。

最大化（Boolean）：是否最大化浏览器窗口，默认否，选填。

3. 画布功能图。

调试会话主键（String）：需要重新打开浏览器的会话 Id。浏览器变量的 SessionId 属性，如 Web. sessionId。

调试地址（String）：需要重新打开浏览器的调试地址。浏览器变量的 DevUrl 属性，如 Web. DevUrl。

4. 输出。

浏览器对象（WebDriver）：输出当前网页为浏览器对象，可以使之后的组件对其进行操作，如图 4-47 所示。

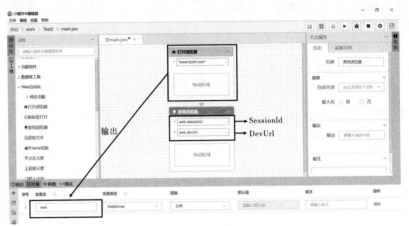

图 4-47　复用浏览器

4.6.3　点击元素

1. 功能介绍。

对当前浏览器对象上的元素进行点击动作，如果该元素被其他元素遮挡或界面中不可见，则无法正常点击。

2. 输入。

浏览器（WebDriver）：要进行操作的原浏览器对象，若该组件在"打开浏览器"组件流程框中则该选项选填。

3. 画布功能图。

选择器（String）：定位想要操作的元素的路径，其中"♯"：ID 选择器；"."：类选择器；"　"：Tag 选择器；"&"：LinkText 选择器；"@"：Xpath 选择器；"｛｝"属性过滤，如图 4-48 所示。

4. 输出。

无。

图 4-48 点击元素

4.6.4 获取元素

1. 功能介绍。

获取当前网页对象上想要的元素的集合，例如当前网页上所有输入框的元素集合，若想要具体到某一元素，则选择器需要更加精准指向该元素。

2. 输入。

浏览器（WebDriver）：要进行操作的原浏览器对象，若该组件在"打开浏览器"组件流程框中则该选项选填。

3. 画布功能图。

选择器（String）：定位想要操作的元素的路径，其中"#"：ID 选择器，"."：类选择器，" "：Tag 选择器；"&"：LinkText 选择器；"@"：xpath 选择器；"｛｝"属性过滤。例如"#form＞span｛id＝s＿kw＿wrap｝＞input｛class＝s＿ipt id＝kw｝"等同于网页上执行$("#form span[id＝s＿kw＿wrap] input[class＝s＿ipt][id＝kw]")。

4. 输出。

元素集合（List＜WoElement＞）：输出一个元素集合，要使用时需指定集合中某一对象，再通过输出该对象的属性或方法进行数据的提取，如图 4-49 所示。

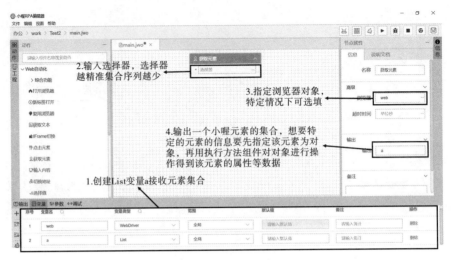

图 4-49　获取元素

4.6.5　输入内容

1. 功能介绍。

对当前网页指定的输入框进行指定内容的输入。

2. 输入。

浏览器（WebDriver）：要进行操作的原浏览器对象，若该组件在"打开浏览器"组件流程框中则该选项选填。

是否清空（Boolean）：是否将当前输入框里的内容清空再输入自己指定的内容。

3. 画布功能图。

选择器（String）：定位想要操作的元素的路径，其中"♯"：ID 选择器；"."：类选择器；"　"：Tag 选择器；"&"：LinkText 选择器；"@"：Xpath 选择器；"{}"属性过滤。

输入内容（String）：输入指定的内容，如图 4-50 所示。

4. 输出。

无。

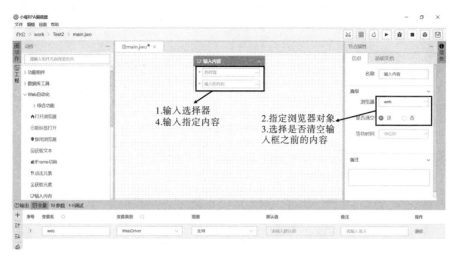

图 4-50 输入内容

4.6.6 元素检查

1. 功能介绍。

检查当前页面元素是否存在，若存在返回 True，若不存在返回 False。

2. 输入。

浏览器（WebDriver）：要进行操作的原浏览器对象，若该组件在"打开浏览器"组件流程框中则该选项选填。

3. 画布功能图。

选择器（String）：定位想要操作的元素的路径，其中"#"：ID 选择器；"."：类选择器；" "：Tag 选择器；"&"：LinkText 选择器；"@"：Xpath 选择器；"{ }"属性过滤。

Then 流程框：当返回结果为 True 时执行 Then 流程。

Else 流程框：当返回结果为 False 时执行 Else 流程。

4. 输出。

是否存在（Boolean）：输出元素是否存在的结果，True 为存在，False 为不存在，如图 4-51 所示。

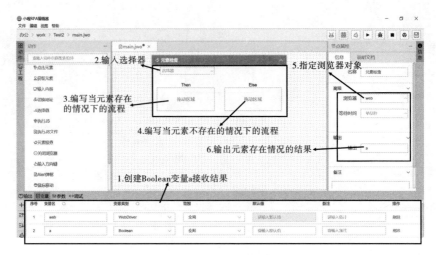

图 4-51　元素检查

4.6.7　表格文本提取

1. 功能介绍。

获取当前网页对象选择器对应表格的文本数据。注意：抓取的 Table 元素必须屏幕可见。

2. 输入。

浏览器（WebDriver）：要进行操作的原浏览器对象，若该组件在"打开浏览器"组件流程框中则该选项选填。

3. 画布功能图。

选择器（String）：定位想要操作的元素的路径，其中"♯"：ID 选择器；"."：类选择器；"　"：Tag 选择器；"&"：LinkText 选择器；"@"：Xpath 选择器；"｛｝"属性过滤。例如"♯form>span｛id=s_kw_wrap｝>input｛class=s_ipt id=kw｝"等同于网页上执行\$("♯form span[id=s_kw_wrap] input[class=s_ipt][id=kw]")

4. 输出。

元素集合（List<List<String>>）：文本集合，行列数据，如图 4-52 所示。

图 4-52　表格文本提取

4.6.8　切换地址

1. 功能介绍。

跳转到新的地址。

2. 输入。

浏览器（WebDriver）：要进行操作的原浏览器对象，若该组件在"打开浏览器"组件流程框中则该选项选填。

3. 画布功能图。

地址（String）：新的地址，如图 4-53 所示。

4. 输出。

无。

图 4-53　切换地址

4.6.9 元素检查

1. 功能介绍。

检查当前页面元素是否存在，若存在返回 True，若不存在返回 False。

2. 输入。

浏览器（WebDriver）：要进行操作的原浏览器对象，若该组件在"打开浏览器"组件流程框中则该选项选填。

3. 画布功能图。

选择器（String）：定位想要操作的元素的路径，其中"♯"：ID 选择器；"."：类选择器；" "：Tag 选择器；"&"：LinkText 选择器；"@"：Xpath 选择器；" {}"属性过滤。

Then 流程框：当返回结果为 True 时执行 Then 流程。

Else 流程框：当返回结果为 False 时执行 Else 流程，如图 4-54 所示。

4. 输出。

无。

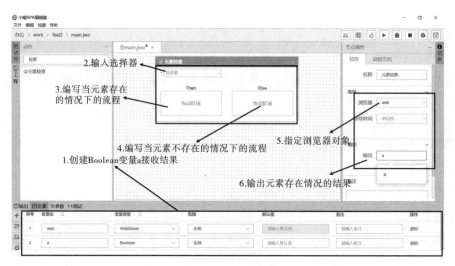

图 4-54 元素检查

4.6.10 关闭浏览器

1. 功能介绍。

关闭整个浏览器。

2. 输入。

无。

3. 画布功能图。

浏览器（WebDriver）：要进行操作的原浏览器对象，如图 4−55 所示。

4. 输出。

无。

图 4−55　关闭浏览器

4.6.11　打开新标签

1. 功能介绍。

在浏览器中打开新标签。

2. 输入。

浏览器（WebDriver）：要进行操作的原浏览器对象，若该组件在"打开浏览器"组件流程框中则该选项选填。

切换标签位置（Int）：指定新标签页在浏览器中的标签位置，从 1 开始。

自动关闭（Boolean）：是否在该组件的流程结束后关闭该标签页。

3. 画布功能图。

地址（String）：新标签指定打开的网页地址，为空时自动切换到下一个 Target 页。

流程框：需要在新标签页完成的流程，如图 4−56 所示。

4. 输出。

无。

图 4-56　打开新标签

4.6.12　Alert 弹框

1. 功能介绍。

监听当前页面是否有弹出窗口，对弹出窗口进行确定或取消操作。

2. 输入。

浏览器（WebDriver）：要进行操作的原浏览器对象，若该组件在"打开浏览器"组件流程框中则该选项选填。

操作（String）：选择弹出窗口的操作——确定或取消，如图 4-57 所示。

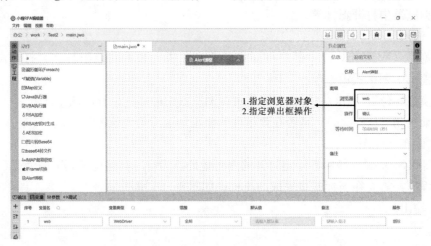

图 4-57　Alert 弹框

3. 画布功能图。

无。

4. 输出。

无。

4.6.13　获取文本

1. 功能介绍。

获取当前网页对象上想要的元素的对应文本信息，当获取到多个元素时默认获取第一个。

2. 输入。

浏览器（WebDriver）：要进行操作的原浏览器对象，若该组件在"打开浏览器"组件流程框中则该选项选填。

3. 画布功能图。

选择器（String）：定位想要操作的元素的路径，其中"＃"：ID选择器；"."：类选择器；"　"：Tag选择器；"&"：LinkText选择器；"@"：Xpath选择器；"｛｝"属性过滤，如图 4−58 所示。

4. 输出。

无。

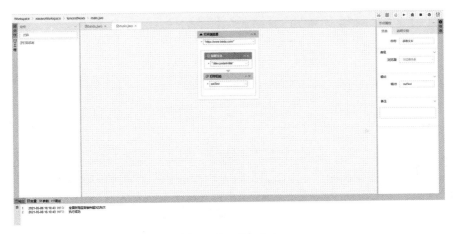

图 4−58　获取文本

4.7　程序调试

4.7.1　调试界面

调试是一个强大的功能，它的主要作用是在编辑好的自动化项目投入实际使用之前，通过手动或自动的方式进行测试，识别并修正项目中会导致其运行失败的错误过程，这是保证自动化项目正确性的一个重要步骤。

用户可以使用调制面板下的多个调试操作来执行调试，还可以通过其他相关面板来查看调试的具体过程，如图 4-59 所示。

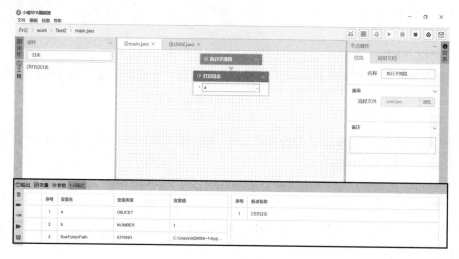

图 4-59　调试界面

调试操作如图 4-60 所示。

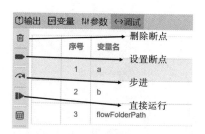

图 4-60　调试操作说明

设置断点进行调试如图 4-61 所示，可在控件上方点击右键设置断点。

图 4-61　设置断点

4.7.2　调试面板

主要用于展示用户定义的变量以及组件属性值，包括全局变量和上一个组件的输入 / 输出属性。

该面板仅在调试过程中可见。变量面板的变量可以展开/收起，这个对复杂类型的变量展示很有用，如图 4-62 所示。

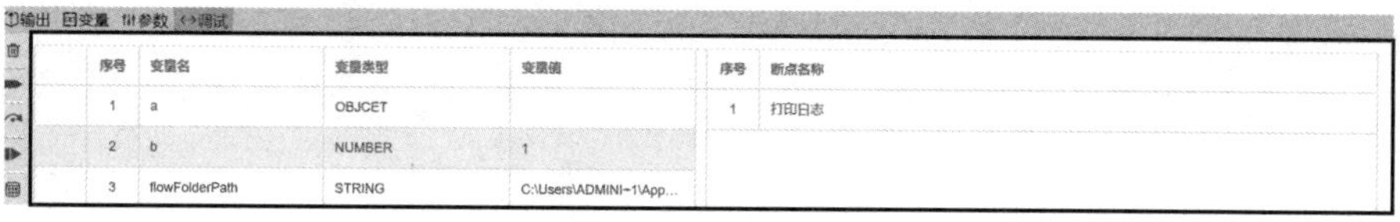

	序号	变量名	变量类型	变量值		序号	断点名称
	1	a	OBJCET			1	打印日志
	2	b	NUMBER	1			
	3	flowFolderPath	STRING	C:\Users\ADMINI~1\App...			

图 4-62　调试面板

第 5 章　编辑器进阶开发

本章主要讲述 RPA 编辑器中使用的高级选择器、代码执行器、以及 SDK 的相关应用，使读者在使用编辑器内置基础组件无法满足开发需求时，能够通过编辑器中的编码功能进行功能拓展，以支持使用外部编程语言。建议读者学习本章节前对 HTML、Java、JavaScript、VBS 等编程语言有一定了解。

5.1　高级选择器

通过选择器章节中，我们已经知道了常用的 5 种方法，分别为 ID 选择器、类选择器、TagName 选择器、Xpath 选择器和 LinkText 选择器。但是在实际获取网页元素时，往往会遇到复杂的元素，此时需要对网页元素进行分析，通常我们采用三种方式进行获取，详细的使用方法如下。

5.1.1　内置方法

内置方法主要辅助定位元素，提供了共计 3 种方法，对应使用方法如表 5-1 所示。

表 5-1　三种内置方法

方法	解释	示例
Index	按照 Index 数字来筛选元素，比如网页有 3 个 Input，Index 则从 0 开始，结束为 2，共 3 个 Input	现有网页 HTML 层共计 3 个： \<div class="s＿tab＿1" id="s＿tab" >文本 0\</div>------> index=0 \<div class="s＿tab＿2" id="s＿tab" >文本 1\</div>------> index=1 \<div class="s＿tab＿3" id="s＿tab" >文本 2\</div>------> index=2 如要选中文本 2 的元素，使用 ID 选择器则为：＃s＿tab：2

续表

方法	解释	示例
Parent	获取元素层的上级元素	<span class="bg s ＿ ipt ＿ wr quickdelete－wrap"> <input id="kw" name="wd" class="s ＿ ipt" value=""maxlength="255" autocomplete ="off"></span> 例如要根据 Span 的下层级 Input 选择中 Span 层，则使用的 ID 选择器为：♯kw：parent，选中的层级则为 Span 层
Last	获取同种元素的最后一个元素	获取最后一个元素 HTML 层： <div class="s ＿ tab ＿ 1" id="s ＿ tab">文本 0</div> <div class="s ＿ tab ＿ 2" id="s ＿ tab">文本 1</div> <div class="s ＿ tab ＿ 3" id="s ＿ tab">文本 2</div> 例如选中文本 2，使用 ID 选择器则为：♯s ＿ tab：last

5.1.2　属性过滤

属性过滤主要用于辅助元素定位，存在多种元素时，不通过 Index 确认时，可通过筛选元素的一些关键元素来进行精准定位。目前提供了几种匹配模式：＝（等于）、！（不等于）、＊（全等或模糊匹配），如表 5－2 所示。

表 5－2　属性过滤

网页元素	过滤案例	解释
<input info ="input ＿ btn" style="height：20px" type=" button" uuid="s ＿ 16151000" >选择</input>	input ｛info＝input ＿ btn type ＝button｝	这里使用了标签选择器，首先定位 input 层，但由于 input 层太多一定是无法定位到准确的元素，所以使用了属性过滤，过滤出 info＝input ＿ btn type＝button 的元素，这样就能精确定位
	input ｛style＝height：＊20px｝	同上，不过属性过滤的时候，如果目标元素带有空格，目前需要以 ＊ 代替
<input info ="input ＿ btn" type=" button1" uuid="s ＿ 161587487096469">"选择"< input> <input info ="input ＿ btn" type=" button2" uuid="s ＿ 161587487096469">"选择"< input>	input ｛info＝input ＿ btn type！button1｝	使用标签选择器，过滤掉 type 不等于 button1 的选择器，这里这有一个，所以定位到了第二个选择器，需要注意的是，目标系统可能存在多个结果

网页元素	过滤案例	解释
＜input uuid="s_16158748 7096469_fillder_time_to_11255443858372_ff"＞"选择"＜input＞	input｛uuid=＊_ff｝	匹配 uuid 属性以_ff 结尾的元素
	input｛uuid=s_＊｝	匹配 uuid 属性以 s_开头的元素
	input｛uuid=＊_fillder_time_to_＊｝	匹配 uuid 属性中间包含_fillder_time_to_的元素
	input｛uuid=s_＊_ff｝	匹配 uuid 属性以 s_开头，_ff 结尾的元素

5.1.3　层级及并集操作

当网页元素存在多级并且需要根据同一级或者其他级的元素进行定位时，需要用到层级或并集操作。语法格式如下。

层级操作：选择器 1＞下级选择器 2。

并集操作：选择器 1 选择器 2。

例如，网页元素层展示为：

＜form name="f" id="form" action="/s" class="fm" onsubmit="javascript：F. call（'ps/sug', 'pssubmit')；"＞

＜input type="hidden" name="ie" value="utf−8"＞

＜input type="hidden" name="rqlang" value=""＞

＜input type="hidden" name="tn" value="baiduhome_pg"＞

＜input type="hidden" name="ch" value=""＞＜/form＞

＜div id="kw" name="forms"＞＜/div＞

如果我们要选中红色高亮的一级，对层级选择器来说，首先定位到 Form 层级，然后往下搜索找到该 Input 层级，该 Input 所在的序号为 2（从 0 开始计算，对应序号为 2），那么使用的选择器为 form＞input：2，即可定位到该元素。

再需要通过并集操作时，我们可以通过 Div 的 ID 选择器和 Input 的序号来确认。并集时，两个元素中间相隔 1 个空格，此时选择器为♯kw input：2，即可定位到该元素。这种方法应用极少，一般不推荐使用。

5.2　代码执行器

编辑器可以提供一些额外的功能，通过相关的执行器实现。不同的执行器，需要不同的编程语言。这里提供了 JavaScript（JS）、Java、VBScript（VBS）三种语言的执行器，详细的使用方法如下。

5.2.1　执行 JS

面对一些简易网页，我们可以直接通过选择器获取元素，但在实际开发中我们遇到的网页可能存在很多层级，这样导致我们获取目标元素时会很困难。但是如果我们掌握 JS 基础，我们可以插入 JS 代码直接获取目标元素，方便快捷。

首先在画布中拖入一个打开浏览器动作，并输入百度网址，然后将执行 JS 动作拖入到如下图中的位置，如图 5-1 所示。

图 5-1　在指定网址执行 JS 动作

1. 编写 JS 代码。

在输入框中输入需要执行的 JS 代码。

//arguments［0］表示获取输入参数。
document. getElementById（'kw'）. value＝arguments［0］. split（'，'）［2］；return 'JS 返回值'

2. 设置输入参数。

在右边属性面板中高级参数位置输入需要传入 JS 代码的参数。

为了便于传参处理，这里参数定义为一个字符串，如果用户希望传入多个参数，可以自行将多个参数组装为一个字符串，例如拼接、JSON 字符串等。本次实例采用字符串拼接的常量模式，如图 5-2 所示。

图 5-2　设置输入参数

3. 接收返回参数。

如果 JS 希望返回一个结果的自动化流程中，则在 JS 最后需要使用一个 Return 语句，例如第二步中使用了"return 'JS 返回值'"。在流程中如果希望使用这个值，直接定义一个变量，用于接收即可，如图 5-3 所示。

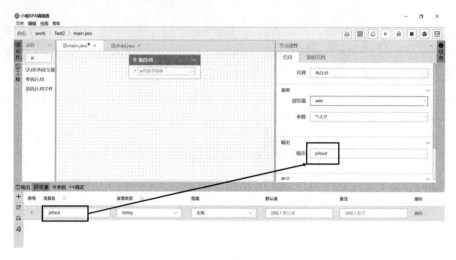

图 5-3　接收返回参数

4. 执行结果。

画布中执行的动作和输入的代码，如图 5-4 所示。

图 5-4　执行 JS 动作及代码

运行后首先可以看到已经在百度输入框中输入了一个数字 3，同时在输出面板也打印出了 JS 的返回值，如图 5-5 所示。

图 5-5　执行结果

5.2.2　执行 Java

编辑器提供了部分的 Java 基础语法，适用于一般的开发需求。在用户有特殊需求时，可以通过 Java 执行器编写 Java 代码实现目的。详细的使用方法如下。

代码内容中定义的变量对象可以直接使用变量名，java. lang 下的类可以直接申明如：String testStr＝""；其余类需要指明全路径如 org. apache. commons. io. IOUtils，并保证 WO－IDE 库中包含了该类的 Jar 包依赖。

1. 使用示例。

将 Java 执行器拖入主画布中。如图 5-6。

图 5-6　添加 Java 执行器

2. 编写 Java 代码。

在 Java 执行器中编写以下代码，如图 5-7 所示。

```
//此处修改了变量表中 int1 的值会同步写入到流程文件作用域中
int1＝int1/2;
for (int i＝0; i＜int1; i＋＋) {
    //此处修改了变量表中 list 的值 会同步写入到流程文件作用域中
    list. add ("测试字符串" +i);
}
String newPath＝workspace＋File. separator＋"/temp";
Map<String，Object> result＝new HashMap<String，Object> ();
result. put ("newList"，list);
result. put ("newPath"，newPath );
return result;
```

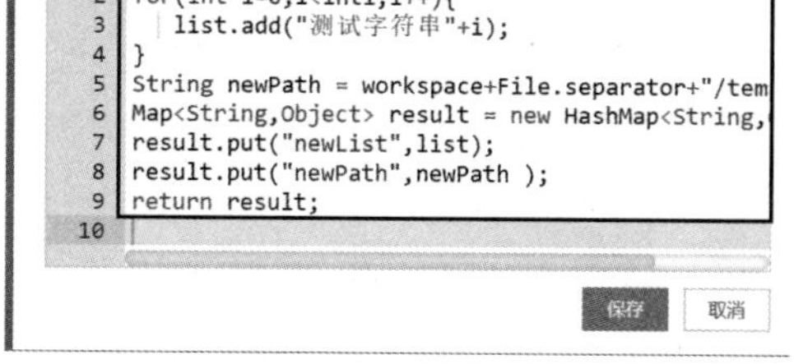

```
1   int1 = int1/2;
2   for(int i=0;i<int1;i++){
3       list.add("测试字符串"+i);
4   }
5   String newPath = workspace+File.separator+"/tem
6   Map<String,Object> result = new HashMap<String,
7   result.put("newList",list);
8   result.put("newPath",newPath );
9   return result;
10
```

图 5-7　编写 Java 代码

3. 设置输入参数。

在变量列表中定义需要的常用变量，注意：默认值未填写默认初始值为空，如图 5-8 所示。

图 5-8　设置输入参数

4. 接收返回参数。

使用 Result 语句接收返回值，如图 5-9 所示。

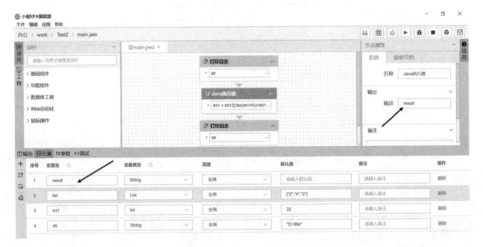

图 5-9　接收返回参数

5. 执行结果。

画布中执行的动作和执行结果如图 5-10、图 5-11 所示。

图 5-10　执行 Java 动作和代码

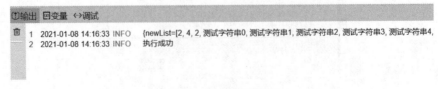

图 5-11　执行结果

5.2.3　执行 VB/VBS

针对于一些自动化任务脚本，如果无法用编辑器解决时，我们提供了强大的 VBS 脚本语言进行相关协助。详细的使用方法如下。

将 VBS 执行器拖入主画布中。

1. 新建 VBS 文件。

新建 VBS 文件并命名，如图 5-12 所示。

图 5-12　新建 VBS 文件

2. 编写 VBS 代码。

```
Set wmiObj=GetObject（"winmgmts："）
For Each sys InwmiObj. Execquery（"Select ＊ From Win32 _ OperatingSystem"）
WScript. Echo "ProcessCount " ＆ sys. NumberOfProcesses
Next
```

3. 设置输入参数。

选择 VBS 文件，在变量列表中定义 VBS 输出返回接收变量 vbs _ result，如图 5-13 所示。

图 5-13　设置输入参数

4. 接收返回参数。

使用 Result 语句接收返回值，如图 5-14 所示。

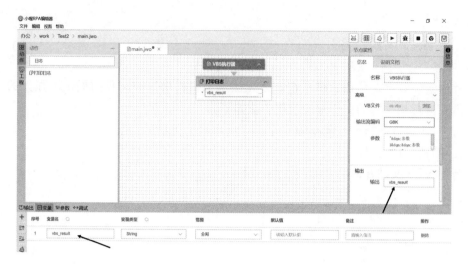

图 5-14　接收返回参数

5．执行结果。

画布中执行的动作和执行结果如图 5-15、图 5-16 所示。

图 5-15　执行 VBS 动作和代码

图 5-16　执行结果

5.3　SDK

SDK 是 RPA 编辑器专为高级开发人员提供的一套底层代码框架，开发人员可以基于 SDK 完成更为复杂多变的需求。在使用 SDK 开发前，开发人员应该具备 JAVA SE 编程基础，并且能够查阅 API 手册。

5.3.1　Excel SDK

Excel SDK 主要为高级 RPA 工程师提供编程操作 Excel 的能力，为开发人员提供了 3 个类对 Excel 读写操作。

com. aostarit. workbox. excel. WorkBook：入口类，通过一个可访问路径构造一个

Excel 文件对象，它代表了一个 Excel 文件。

com. aostarit. workbox. excel. WorkSheet：主要操作类，表示 Excel 中具体的一个 Sheet。

com. aostarit. workbox. excel. DataRow：表示 Sheet 中一行，可以通过这个对象进行行的增删改查操作。

com. aostarit. workbox. excel. DataCell：表示一行具体的一个单元格，主要通过这个对象对 Excel 中的单元格进行操作。

5.3.1.1　读 Excel 实例

```
import java. io. IOException;
import java. util. ArrayList;
import java. util. Date;
import java. util. List;

import com. aostarit. workbox. excel. WorkBook;
import com. aostarit. workbox. excel. WorkSheet;

//首先创建一个 List，用于保存表头
List<String>headers=new ArrayList<> ();
headers. add ("编号");
headers. add ("姓名");
headers. add ("年龄");
headers. add ("生日");

//文件路径，需要根据实际情况修改为自己电脑路径
String filePath="/Users/changping/logs/simpleWrite. xls";

//打开一个 excel 操作对象，如果文件已经存在会直接读取已经存在的文件，如果文件不存在则会新建一个空白的文件
WorkBook workBook=WorkBook. open (filePath);

//创建一个名为 test1 的表格，并且指定了表头，此处表头是可选的
WorkSheet sheet=workBook. getSheet ("test1");

//读取整张表格数据，这里有两个注意事项：
//1. 表格数据不能大于 1000 条，如果大于 1000 条需要分批读取，具体操作参考 API 手册
```

//2. 这里读取是将所有数据默认读取为字符串，如果要精细控制每个单元格返回类型，请参考 API 手册

//最后，data 不建议在这里定义，可以定义在变量表中，然后将下面修改为 data=sheet. getData ()，这样在流程中可以直接使用 data 了
List<List<String>>data=sheet. getData ();

//因为这里只是读取了内容，为进行修改，因此只需要 close
workBook. close ();

5.3.1.2 写 Excel 实例

```java
import java. io. IOException;
import java. util. ArrayList;
import java. util. Date;
import java. util. List;
import com. aostarit. workbox. excel. WorkBook;
import com. aostarit. workbox. excel. WorkSheet;
//首先创建一个 List，用于保存表头，header 不建议在这里定义，建议在开发工具变量表中定义
//List<String> headers=new ArrayList<> ();
headers. add ("编号");
headers. add ("姓名");
headers. add ("年龄");
headers. add ("生日");
//文件路径，需要根据实际情况修改为自己电脑路径
String filePath="/Users/changping/logs/simpleWrite. xls";
//创建一个 excel 操作对象，如果文件已经存在会直接读取已经存在的文件，如果文件不存在则会新建一个空白的文件
WorkBook workBook=WorkBook. open (filePath);
//创建一个名为 test1 的表格，并且指定了表头，此处表头是可选的
WorkSheet sheet=workBook. createSheet ("test1", headers);
//构建一个测试数据集
List<List<Object>> data=new ArrayList<> ();
for (int i=0; i < 100; i++) {
    List<Object> r=new ArrayList<> ();
r. add (i);
    r. add ("李四" + i);
```

```
r. add （i+3）;
r. add （new Date （））;
    data. add （r）;
}
//填充表格
sheet. fill （data）;
//保存并关闭文件，此处必不可少
workBook. saveAndClose （）;
```

第 6 章　场景上架步骤

本章主要讲述运用 RPA 编辑器完成场景开发后，如何将场景上架至 RPA 服务平台，便于读者进行场景的配置和使用。

6.1　场景上架

6.1.1　选择场景管理

使用管理体验账号登录到 RPA 服务平台，如图 6−1 所示。

图 6−1　登录 RPA 服务平台

依次点击左侧导航栏中的系统管理、场景管理，进入 RPA 场景管理界面，如图 6−2 所示。

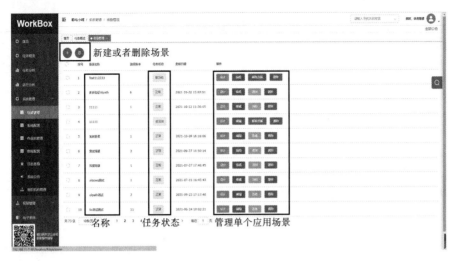

图 6-2　RPA 场景管理界面

6.1.2　新建场景

　　点击新建，进入到新增场景页面，设定场景相关信息，如图 6-3 所示。设定完成后点击保存，见表 6-1。

图 6-3　新增场景

表 6-1　新增场景设定释义

标题名称	作用
场景名称	按照业务需求命名的名称
系统地址（可选）	所操作的业务系统地址，点击右侧新增按钮添加新的地址，一个输入框只能输入一个地址
原始视频	格式为 mp4 的文件，一般为原业务系统操作的视频
模板文件（可选）	根据业务需求定制的模板文件，一般用于存放流程中变动的业务数据，由用户按照该模板文件规定的格式录入指定数据
录制视频	勾选后会对整个流程录制视频，方便回溯流程
场景图标	选择该场景的图标
场景分类	默认选择前台即可
有结果文件	场景执行完毕后，是否有结果文件反馈，如表格等
场景等待时间	场景等待用户进行操作的最大等待时间
绑定需求	无须选择
任务功能	输入该场景实现的功能

6.1.3　表单设计

在场景右侧操作区域点击设计按钮，如图 6-4 所示。

图 6-4　点击场景设计

设定表单，拖入一个组件框单行文本，点击单行文本控件，右边设定属性，如图 6-5 所示。

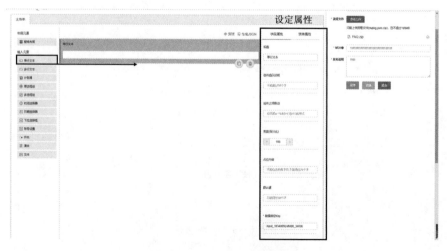

图 6-5　设定单行文本控件属性

设定标题为搜索，组件提示说明"用于百度搜索输入"，占位内容"请输入需要搜索的内容"，参数绑定 Key 设置为 Finds，勾选校验为必填。再点击表单属性，设定标签对其方式为右对齐即可。完成后如图 6-6 所示。

图 6-6　配置属性

点击右侧的上传流程，选择流程文件 BaiduSo.pwo，点击保存后提交，如图 6-7 所示。

图 6-7　提交表单

6.1.3.1　布局元素

栅格布局：分割为列式布局，可拖入输入元素到布局中。

6.1.3.2　输入元素

数据绑定 Key 值需要与开发工具中对应参数保持一致，见表 6-2。

表 6-2　输入元素及其作用

输入元素	作用
单行文本	传入单行文本
多行文本	传入多行文本
计数器	计数器

113

续表

输入元素	作用
单选框组	传入勾选的选项值
多选框组	传入多个勾选的选项值
时间选择器	选择时间、格式
日期选择器	选择日期、格式
下拉选择框	传入下拉选择框中的数据
账号设置	选择已设置好的账号和密码
开关	传入值 True、False。可用于控制其他元素
滑块	传入滑块停留位置的值，int 类型
文件	上传文件，有模板文件时可使用，此输入元素无须设定数据绑定 Key 的值。读取该文件的默认参数为 ParamFile，在开发工具参数中声明后直接使用

组件之间可以相互联动，按照实际需求控制组件的显示状态。

拖动开关，设定 Key 值为 Switch，如图 6-8 所示。

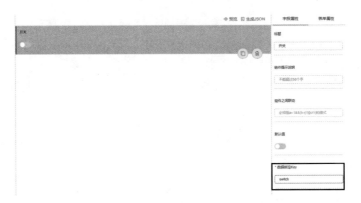

图 6-8　设定 Key 值

拖动单行文本两次，分别设定为单行文本 1 和单行文本 2。

在单行文本 1 右侧字段属性下，组件之间联动中输入 switch＝true，如图 6-9 所示。

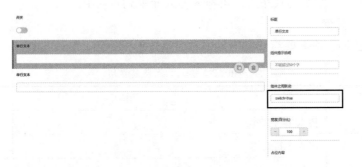

图 6-9　设置单行文本 1 属性

在单行文本 2 右侧字段属性下，组件之间联动中输入 switch＝false，如图 6－10 所示。

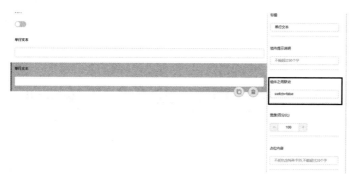

图 6－10　设置单行文本 2 属性

此时开关的状态会影响单行文本 1 和 2 的状态，闭合时显示单行文本 2，开启时显示单行文本 1，如图 6－11 所示。

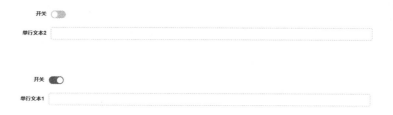

图 6－11　开关状态影响单行文本显示

如果需要多个条件同时满足要求，中间以"＆＆"分割，如 switch＝true＆＆radio ＝radio1。

第 7 章　营销专业经典案例详解

本章主要讲述 RPA 在电力营销专业开发应用的典型场景案例，包括故障表计批量换装、综合购电信息查询、低压客户批量新装、线损明细表、计量装置配送申请共 5 个应用场景，同时具体分析了原业务背景和业务流程等内容，并结合业务内容介绍了应用场景开发的核心环节，便于读者通过典型场景的开发实现过程，进一步掌握 RPA 开发技能。

7.1　故障表计批量换装

7.1.1　业务背景

国网四川公司智能电表推广工作始于 2010 年，早期安装的 2009 版智能电表服役期已超过 10 年，因表计电池欠压、时钟异常等故障导致的电能计量失准、远程采控失效、线上充值失败等问题逐年增多。由于用户规模巨大，近年来故障表计更换数量持续增加，当前营销业务应用系统故障表计换装流程操作环节和录入数据比较多，人工作业时间相对较长，难以满足客户"即安装、即采集、即开户"的服务要求，在影响客户用电服务体验的同时，也对基层单位用电信息采集成功率、客户远程充值成功率、台区同期线损合格率等关键业绩指标的提升造成了较大影响。为解决大批量故障表计换装作业效率低的问题，国网四川公司基于 RPA 服务平台设计开发了批量计量装置故障应用场景。

7.1.2　原业务流程及人工操作时效

当前营销业务应用系统中批量故障表计换装流程共涉及业务受理、装换表派工、接收装拆任务、装换表（出库）、装换表现场处理、装换表（审批）、拆回设备入库、故障差错处理信息、故障差错处理审核等九个主要环节。整个流程推进过程中需要在 23 个界面进行不同类型的操作，其中业务受理、装换表（出库）、装换表现场处理等环节需要业务人员人工逐户录入客户信息，反复进行大量的复制、粘贴操作，尤其是在装换表现场处理环节，需要对每位客户的旧表止度及剩余金额信息进行对应录入，并且在已出库的新表中选取该客户对应的新表信息。具体业务及操作流程如下。

7.1.2.1　业务受理

在批量故障表计换装流程启动前，需要对现场表计已更换的客户进行逐户确认，确保系统内客户信息与现场一致后再启动流程。具体操作如下：进入批量计量装置故障界面，在"用户编号"位置录入用户编号，查询出客户信息并核对是否与现场一致，核对后选中该户，添加该客户，如图 7-1 所示。

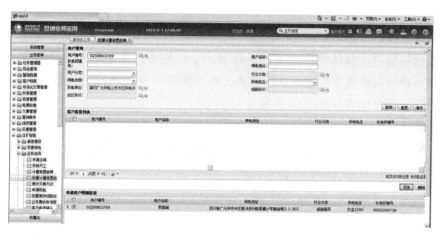

图 7-1　业务受理选择添加换表用户

下一步需要业务人员在"申请原因"位置录入批量计量装置故障申请原因。业务人员在流程推进过程中，会将同类流程进行汇总处理，以便开展批量操作。例如在处理表计批量换装时，由于同批次换装的客户所使用的表计也是同一批次和同一型号，因此在选择表计类型及型号时可以批量修改电能表方案，如图 7-2 所示，完成后提交下一步流程。

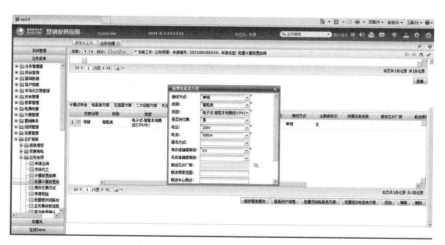

图 7-2　业务受理添加新电能表方案

　　在本环节中，业务人员在录入信息时必须一次性完成，期间任何一处信息录入错误将导致耗费大量时间进行查找和更正。

　　在装换表派工环节，业务人员根据业务受理申请编号（派工）查询未派工单信息，根据工作计划安排选择人员进行派工，完成后提交下一步流程。在接收装拆任务环节，业务人员不需要进行数据信息的处理，直接提交流程。

7.1.2.2　装换表（出库）

　　在装换表（出库）环节，业务人员对换装表计进行出库操作。在操作过程中，为了确保系统内换装表计信息与现场信息一致，需要严格按照表计换装计划方案，逐一进行核对后完成出库，以便在下一步装换表现场处理环节能够根据客户旧表信息准确选择与之对应的新表信息，如在本环节中出现任何一只表计与现场信息不一致，都会导致后续流程无法继续推进。具体操作如下：选择本次工作任务，选中出库表计，在"出厂编号"位置逐户录入新表出厂编号进行新表出库（如图 7-3 所示），完成新表出库后，输入出库密码，提交流程（如图 7-4 所示）。

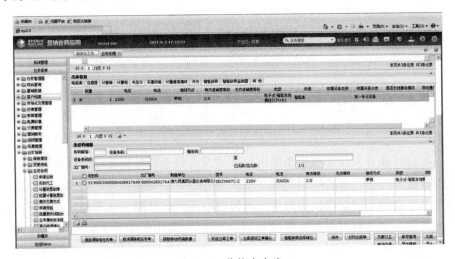

图 7-3　装换表出库

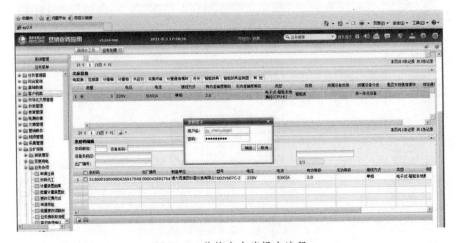

图 7-4　装换表出库提交流程

7.1.2.3　装换表现场处理

在装换表现场处理环节，主要是业务人员录入客户旧表止度、本次抄表日期、本次
示数、剩余金额等信息。该环节是整个换装流程中的核心环节，涉及客户旧表量、价、
费等重要信息，业务人员需要根据现场实际情况在系统内录入对应客户旧表止度及剩余
金额信息（如图7-5所示），并在已出库的新表中选择对应的表计，过程中要与客户现
场信息进行核对，确保系统数据与现场保持一致（如图7-6所示），逐户完成所有客户
信息录入后提交流程。

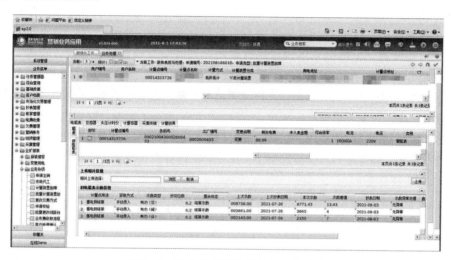

图 7-5　装换表现场处理录入旧表信息

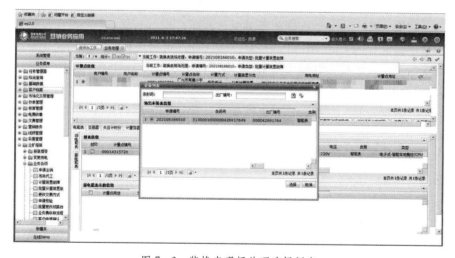

图 7-6　装换表现场处理选择新表

本环节涉及客户数量多，数据敏感度高，录入数据需要确保高度准确，但由于人工
录入工作量巨大，在反复复制、粘贴操作过程中，工作效率低且出错率高。

经基层班组在该作业场景实地统计，以100只故障表计为一组进行的故障表计批量
换装流程操作为例，顺利完成业务受理、装换表派工、接收装拆任务、装换表（出库）、
装换表现场处理、装换表（审批）、拆回设备入库、故障差错处理信息、故障差错处理

审核等全部 9 个环节的推进平均耗时约 200 分钟；而在实际工作中，由于操作过程中数据录入错误较多，出现错误后问题查找和流程重置等时间普遍较长，导致单只故障表计换装平均耗时普遍在 2 分钟以上。

7.1.3 场景自动化流程

7.1.3.1 流程规划

针对该故障表轮换场景，首先要对其进行流程规划。通过分析该系统，故障表轮换场景是在营销业务系统上进行故障电表数据维护，使用的 IE 浏览器，因为该系统的特殊性，所以需要将浏览器的基本设置进行更改，如安全性设置、兼容性设置等。在能正常登入系统的情况下才能保证开发过程顺利。

对于类似长流程场景开发，可以将该流程进行分割，划成多个小流程块进行开发。流程块与流程块之间过渡就都以数据为链接，流程块中的操作互不影响，这样也能既能保证流程低错误率，也能保证流程的美观。针对该流程场景，我们将其拆分为七个流程块：数据校验读取、启动流程、业务受理、装换表派工、接收装拆任务、装换表出库和装换表现场处理。

为什么要这样分呢？

第一步，是数据校验读取。在换表过程中，一次性换表量较大，为保证数据在流程运行时不会出错，保证流程的完整运行、数据的正常处理，所以需要在将数据放入系统中操作前进行一次数据校验。

第二步，启动流程，这其中就将包含读取 Excel 获取基础数据，打开浏览器以及正常的系统登录等，其中，可以将登录等需要重复使用的流程制作成独立流程代码块。

第三步到第八步，业务受理到装换表现场处理，均为浏览器中的操作，这部分分析较为简单，根据流程的实际操作进行开发。在这期间可对流程进行适当优化，简单的数据获取可根据页面请求获得并制作为 JS 脚本，方便使用。

7.1.3.2 场景开发

第一步，数据校验。对初始数据进行校验，保证程序运行中不会因数据错误中断，如图 7-7 所示。

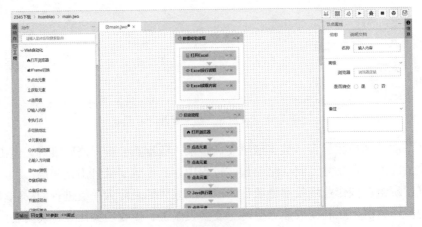

图 7-7 读取数据

　　第二步，启动流程，也就是登录流程，通过开发者工具获取页面账号密码的选择器，然后进行登录模拟，如图 7-8 所示。因为该系统涉及验证码，所以需要使用到验证码控件。在使用时一定要注意对应验证码识别平台地址以及模型，如图 7-9 所示。

图 7-8　登录页面

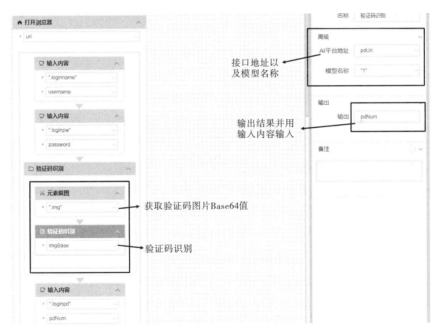

图 7-9　验证码识别

　　第三步，业务受理。通过找到待办页面中的搜索栏，通过输入内容控件输入，然后进行查询，查询动作有两个方式：第一种是常用方式，点击查询按钮；第二种则可以直接回车进行搜索，如图 7-10、图 7-11、图 7-12、图 7-13 所示。

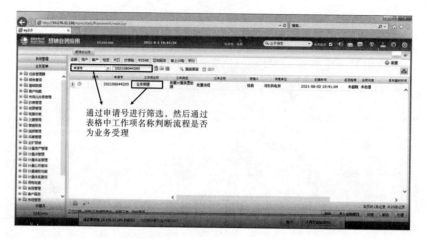

图 7—10 搜索工单

图 7—11 输入"轮换"

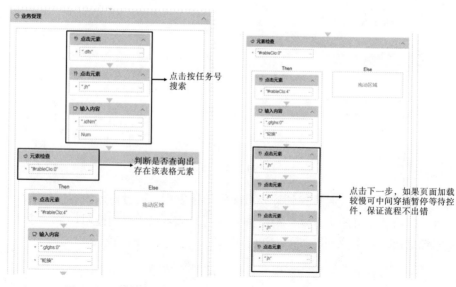

图 7—12 判断表格　　　　　图 7—13 点击下一步

第四步，装换表派工。因为查询工单这一步都是一样的，所以可以将上一步的这几步代码复制过来。然后进入后直接点击下一步，通过 Iframe 层切换控件对弹出窗口进行操作，如图 7—14、图 7—15、图 7—16 所示。

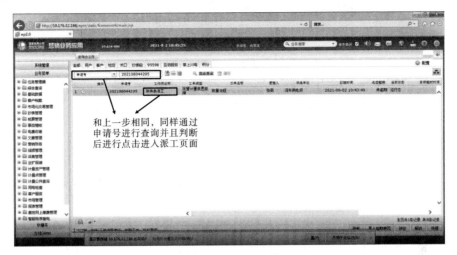

图 7—14　搜索工单

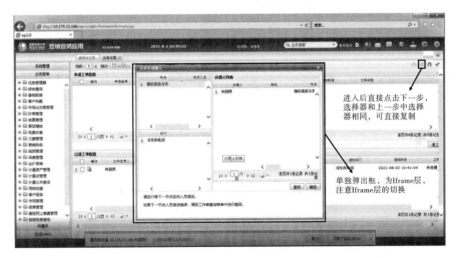

图 7—15　弹出框 Iframe 层

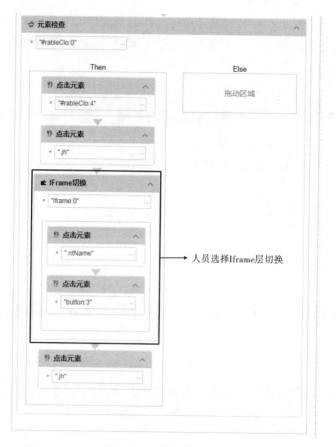

图 7-16 切换 Iframe 层

第五步，接收装拆任务。重复工单搜索步骤，选择器直接复制。该步骤的操作较为简单，三次点击下一步，然后如同上一步的最后，会弹出人员派单页面，且 Iframe 层选择器也相同，所以代码可以直接进行复制，如图 7-17、图 7-18、图 7-19 所示。

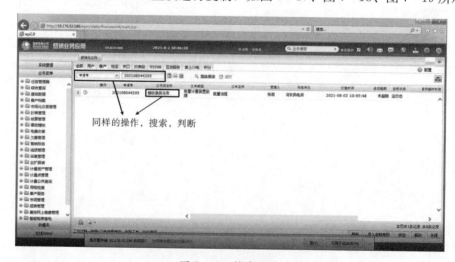

图 7-17 搜索工单

图 7－18　Iframe 切换

图 7－19　接收装拆任务流程

第六步，装换表出库。同样，进行工单搜索点击进入对应页面，找到申请编号输入框的选择器输入然后搜索。因为直接将标签页打开在本页面会造成页面元素重合，选择器不好筛选，所以我们通过新标签页打开，将弹出框通过新标签页的形式打开，如图 7－20、图 7－21、图 7－22、图 7－23、图 7－24 所示。

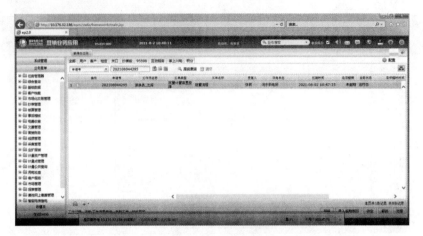

图 7-20　搜索工单

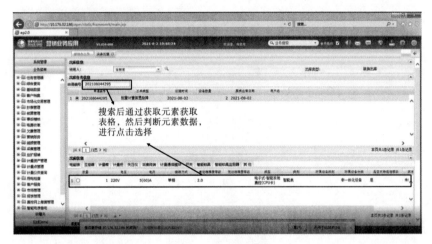

图 7-21　按表格判断

图 7-22　表格判断

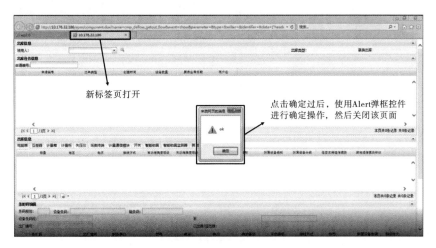

图 7—23　Alert 弹框

图 7—24　打开新标签页

第七步，也是最后一步，装换表现场处理。这一步就是正常的点击数据录入，同样中间有一步需要进行新标签页的打开操作。其他步骤均为点击下一步，如图 7—25、图 7—26、图 7—27 所示。

图 7—25　搜索工单

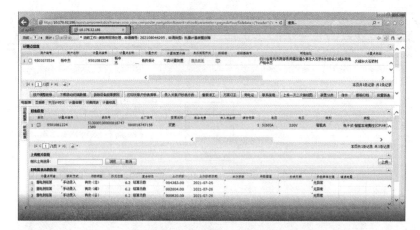

图 7-26   新标签页打开

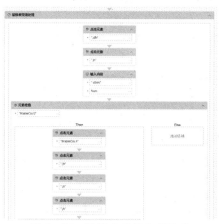

图 7-27   装换表现场处理流程

7.1.3.3   表单设计

表单设计如图 7-28、表 7-1 所示。

打包上传工程，填写发布说明，保存提交

因为过程中每个流程步骤都是需要特定权限的人来进行操作，所以需要将每个步骤账号进行输入，然后再将换表数据文件进行上传

图 7-28   表单

表 7-1　表单说明

名称	说明
启动流程	输入启动该流程账号信息
派工	输入派工人员的账号信息
装拆任务	输入装拆任务环节的账号信息
出库	输入出库环节的账号信息
现场处理	输入现场处理环节的账号信息
申请原因	输入此次换表任务的原因
执行条数	选择本次换表任务的数据条数，条数与上传数据表中的条数相同
数据表	上传本次换表任务的用户数据

7.1.3.4　场景使用

1. 登录 RPA 服务平台，找到对应的场景，在弹出窗口中点击符号"＋"新建执行任务。在弹出的窗口中根据任务执行参数输入或选择需要的账号和派工人员信息，点击或拖拽上传数据表，设置好所有参数后点击下一步，如图 7-29 所示。在弹出的窗口中，根据需求设置任务类型、执行时间、是否保存录像，设置好点击提交后，场景开始运行。

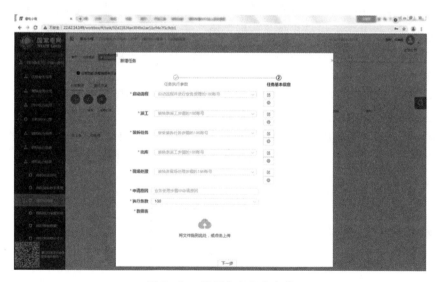

图 7-29　设置执行任务参数

2. 场景执行过程中可点击运行历史，找到正在执行的场景，点击任务执行情况可以在任务详情中查看该流程的运行情况。等待流程执行结束后，可以在任务详情中点击视频回放查看任务运行过程，如果该任务存在结果文件，则可以在结果文件下载中进行下载，如图 7-30 所示。

图 7-30　查看任务执行情况

7.1.4　场景价值

故障表计批量换装场景应用完全模拟人工完成营销业务应用系统的故障表计批量换装的全流程。相比较该场景标准业务流程的九个操作环节，应用 RPA 服务平台后仅需要如下三个操作环节：第一步首先登录小喔 RPA 服务平台，进入批量计量装置故障场景，下载模板文件并按模板格式收集数据；第二步在平台创建故障表计批量换装流程自动化任务，导入收集完成的数据文件并执行；第三步，等待任务执行结束后下载结果文件，查看任务执行结果情况。

以 100 只故障表计为一组进行的故障表计批量换装流程操作为例，故障表计批量换装场景应用执行平均耗时约 20 分钟，基本能够杜绝录入错误，与传统人工作业耗时 200 分钟相比，节省时间成本约 90%。根据人工操作时效和自动化操作时效的对比分析，可节约单只故障表计换装耗时约 1.8 分钟，按四川公司年换装 500 万只表计算，故障表计批量换装场景应用后，每年可节约人工工作量约 15 万小时。

7.2　综合购电信息查询

7.2.1　业务背景

国网四川公司客户普遍应用本地费控智能电表，长期以来，由于本地费控智能电表表内与营销业务应用系统算费周期差异、购电信息未入表等诸多因素，导致部分表计表内购电次数、剩余金额等购电信息与营销业务应用系统不一致，需要及时进行对比，避免出现电费差错。当前营销业务应用系统相关信息的查询、比对、核实等只能单户进行，且操作较为烦琐，查询界面响应速度较慢，导致基层单位异常数据发现和处理效率较低，不利于有效防控电费回收风险。为解决大批量本地费控智能电表表内与营销业务应用系统购电信息核对效率低的问题，国网四川公司基于 RPA 服务平台设计开发了综合购电信息查询应用场景。

7.2.2 原业务流程及人工操作时效

在表计购电信息核对过程中，业务人员需要登录营销业务应用系统和电力用户用电信息采集系统（简称"采集系统"）两套系统，人工在表内冻结次数余额查询、购电信息查询、交费信息查询、用户数据查询、电表费控信息采集等五个界面逐户进行查询，并对相关信息进行核对处理，发现异常并进行处理。

7.2.2.1 营销业务应用系统相关信息查询

业务人员登录营销业务应用系统，进入表内冻结次数余额查询界面，在该界面获取营销业务应用系统总购电次数、营销业务应用系统表内购电次数等信息（如图 7-31 所示）；进入购电信息查询界面，在该界面获取客户每次购电写卡金额信息（如图 7-32 所示）；进入交费信息查询界面，选择收费日期，在该界面获取客户的交费信息（如图 7-33 所示）。

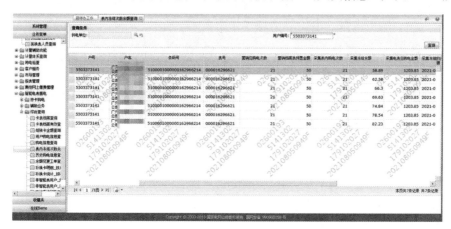

图 7-31 表内冻结次数余额查询

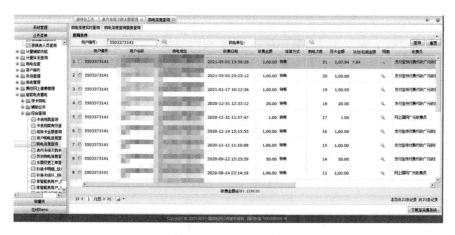

图 7-32 购电信息查询

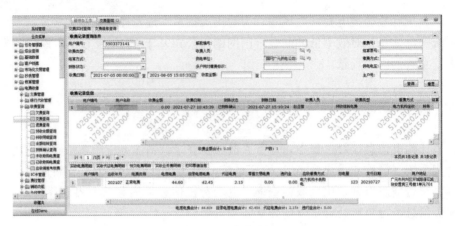

图 7-33　交费查询

7.2.2.2　采集系统相关信息查询

业务人员登录采集系统，进入用户数据查询界面，使用户号查询，选择购电信息模块，在该界面获取采集系统中客户的购电次数和剩余金额信息（如图 7-34 所示）；进入电表费控信息采集界面，勾选客户"当前购电信息""当前电价"等内容，获取客户当前剩余金额、购电次数、电价等信息（如图 7-35 所示）。

图 7-34　用户数据查询

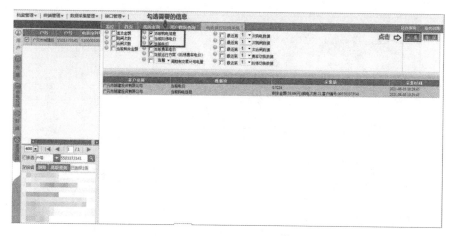

图 7-35　电表费控信息采集

业务人员通过在上述各查询页面之间的不断切换，逐户获取相关购电信息，在进行比对校核后整理出异常数据清单并进行后续处理。本环节涉及客户数量多，尤其是在大批量表计换装后，人工进行数据查询和比对工作量巨大，工作效率低且出错率高。

经基层班组该作业场景实地统计，以 100 户客户为一组进行的购电信息核对操作为例，顺利完成表内冻结次数余额查询、购电信息查询、交费信息查询、用户数据查询、电表费控信息采集 5 个界面的查询平均耗时约 50 分钟，单户查询耗时约 0.5 分钟。

7.2.3　场景自动化流程

7.2.3.1　流程规划

通过谷歌浏览器打开电力营销业务应用系统并登录，同时打开电力用户用电信息采集系统并登录。通过点击实现购电信息查询，表内冻结次数余额查询，用户购电信息查询，电表费控信息查询，并且对相关信息进行提取操作。

7.2.3.2　场景步骤

1. 登录电力营销业务应用系统，打开电力营销业务应用系统，如图 7-36 所示，在账号和密码框输入用户的账号和密码以及验证码，然后点击登录进入系统。流程步骤如图 7-37 所示。

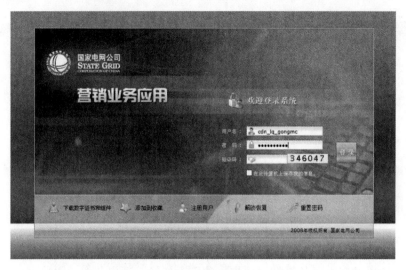

图 7-36　登录电力营销业务系统

图 7-37　登录流程步骤

　　登录电力营销业务应用系统后，进入表内冻结次数余额查询界面，在用户编号位置输入用户编号，点击查询，在此界面提取营销总购电次数、营销表内购电次数信息，如图 7-38 所示。进入购电信息查询界面，在用户编号位置输入用户编号，点击查询，在此界面提取每次购电的写卡金额信息，如图 7-39 所示。进入交费查询界面，在用户编号位置输入用户编号，选择收费日期，点击查询，查看用户的交费信息，如图 7-40 所示。流程步骤如图 7-41 所示。

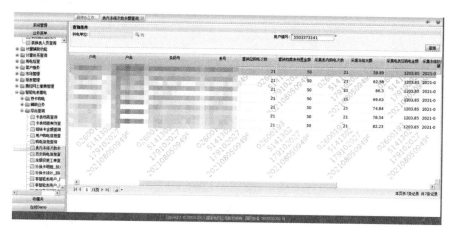

图 7-38　表内冻结次数余额查询

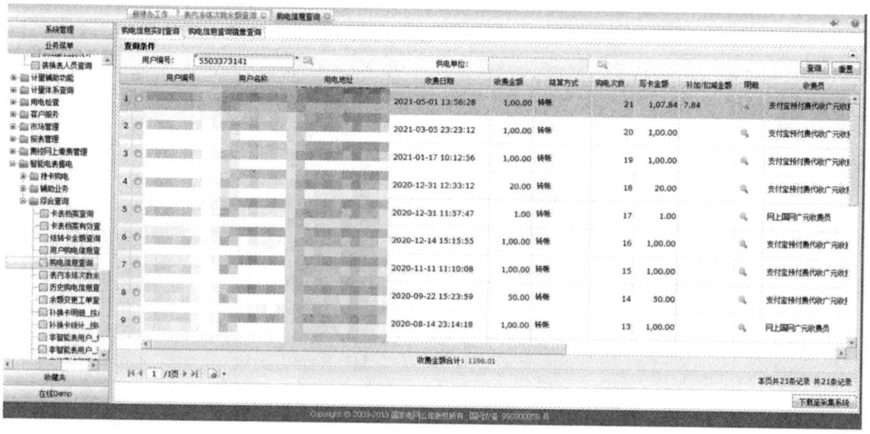

图 7-39　购电信息查询

图 7-40　交费查询

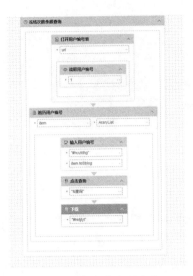

图 7-41 查询流程步骤

2. 登录电力用户用电信息采集系统，如图 7-42 所示，输入用户名，输入密码，输入验证码，点击登录，进入系统。流程步骤如图 7-43 所示。

图 7-42 登录电力用户用电信息采集系统

图 7-43 登录流程步骤

3. 进入用户数据查询界面，选择使用户号查询，输入用户编号，查询出用户信息后，选择购电信息，点击"查询"，在此界面提取采集系统中的购电次数和剩余金额信息，如图 7-44 所示。进入电表费控信息采集界面，勾选当前购电信息，当前电价等需要的信息，点击"采集"，提取用户当前的剩余金额，购电次数，电价等信息，如图 7-45 所示。流程步骤如图 7-46。

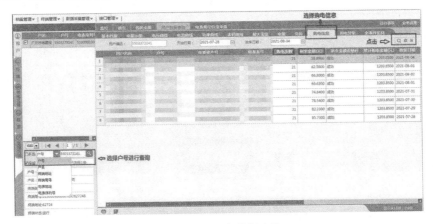

图 7-44　用户数据查询

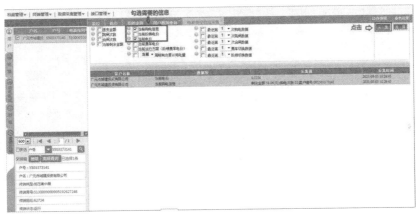

图 7-45　电表费控信息采集

图 7-46　用户数据查询步骤

7.2.3.3　表单设计

表单设计样式及说明如图 7-47、表 7-2 所示。

图 7-47　表单设计模版

表 7-2　表单说明

名称	说明
营销账号	输入本次任务查询营销系统中的账号信息
采集账号	输入本次任务查询采集系统中的账号信息
表格	上传本次任务使用的用户表格

7.2.3.4　场景使用

1. 登录 RPA 服务平台，找到对应的场景，在弹出窗口中点击符号"＋"新建执行任务。在弹出的窗口中根据任务执行参数输入或选择营销账号和采集账号，再上传表格，设置好后点击下一步，如图 7−48。在弹出的窗口中，根据需求设置任务类型、执行时间、是否保存录像，设置好点击提交后，场景开始运行。

2. 场景执行过程中可点击运行历史，找到正在执行的场景，点击任务执行情况可以在任务详情中查看该流程的运行情况，如图 7−49。等待流程执行结束后，可以在任务详情中点击视频回放查看任务运行过程，如果该任务存在结果文件，则可以在结果文件下载中进行下载。

图 7−48　新增任务

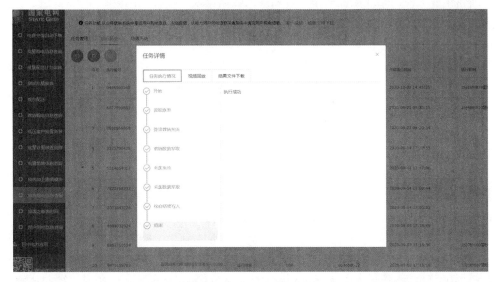

图 7−49　任务详情

7.2.4　场景价值

综合购电信息查询场景应用完全模拟人工在营销业务应用系统及采集系统中获取客户购电信息并填入汇总表格的业务流程，相比较该场景标准业务需要在五个不同应用模块下读取数据，应用 RPA 服务平台后仅需要如下三个简单的操作环节：第一步，登录小喔 RPA 服务平台，进入综合购电信息查询场景，下载模板文件并按要求填入用户号；第二步，在平台创建综合购电信息查询自动化任务，导入需要查询用户的数据文件并执行；第三步，等待任务执行结束后下载结果文件，就可以获取所需客户信息的汇总表格，可以直接从该表格里提取异常用户信息。

通过综合购电信息查询场景应用，能够快速定位购电信息存在异常的客户，为客户远程充值失败处理、故障批量换装剩余金额确认、差错电量电费分析等提供综合分析所需数据，为问题得到快速有效解决、进一步压缩故障抢修时间、及时恢复供电提供有力支撑。以 100 个客户为一组进行的综合购电信息查询为例，综合购电信息查询场景应用执行平均耗时约 3 分钟，与传统人工作业耗时 50 分钟相比，节省时间成本约 94%。

7.3　低压客户批量新装

7.3.1　业务背景

营销业务应用系统中低压批量新装虽已精减流程环节、压缩关键环节业务办理时限，但当前营销业务应用系统流程操作环节和录入数据比较多，人工作业时间相对较长，且近年来随着城市建设迅猛发展，低压批量新装数量持续增加，业务流程耗时长，在影响客户用电服务体验的同时，也对基层单位用电信息采集成功率、客户远程充值成功率、台区同期线损合格率、业扩时限等关键业绩指标的提升造成了较大影响。为解决大批量低压新装效率低的问题，国网四川公司基于 RPA 服务平台设计开发了低压批量新装应用场景。

7.3.2　原业务流程及人工操作时效

当前营销业务应用系统中批量低压新装流程共涉及业务受理，勘查派工，现场勘查，拟定、答复、方案审批，竣工报验、验收、意见汇总，装换表派工、装拆任务、出库，装换表现场处理，装换表（审批）等八个主要环节。整个流程推进过程中需要在近60 个界面进行不同类型的操作，其中业务受理、方案制定、装换表（出库）、装换表现场处理等环节需要业务人员逐户录入客户信息，反复进行大量的复制、粘贴操作，尤其是在装换表（出库）、装换表现场处理环节，需要对每位客户的基础信息进行对应录入，并且在已出库的列表中选取该客户对应的电表信息。具体业务及操作流程如下。

7.3.2.1　业务受理

在低压批量流程正式受理前，需要对现场待装表计、客户名称、用电地址、用电类别、用户分类、联系方式、身份证号等基础信息逐户确认，确保系统内客户信息准确与现场一致后正式启动流程。具体操作如下：根据客户提交的申请信息进入业务受理申请信息界面对应录入用户名称、用户分类、用电类别、城乡类别、计量方式、负荷性质、电费结算方式、申请合同容量、运行容量、供电电压、票据类型、电费通知方式、生产班次等基础信息（如图 7-50 所示）。之后在客户信息界面对应录入身份证信息，分配信息列表界面对应录入用电地址、缴费方式等信息。

图 7-50　低压批量新装业务受理用户基础信息录入

进入业务受理用户信息界面导出模板填充用户联系电话号码、身份信息、申请容量等基础信息并导入系统。此环节工作量较大且电话号码、身份证信息、地址等容易录入错误（如图 7-51、图 7-52 所示），核对低压批量新装业务受理信息无误后推进流程。

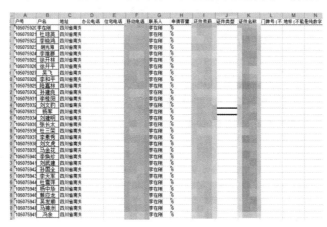

图 7-51　用户联系信息填充

图 7-52　用户联系信息填充导入

在勘查派工环节，业务人员根据业务受理申请编号（派工）查询未派工单信息，根据工作计划安排进行派工，完成后提交下一步流程。在现场勘查环节，业务人员根据业务受理申请编号进入现场勘查界面，录入勘查意见等信息后提交下一步流程。在方案审批环节，业务人员根据业务受理申请编号进入方案审批界面，录入审批结果后提交下一步流程到拟定供电方案。

7.3.2.2 拟定供电方案

在低压批量流程拟定供电方案环节，再次对客户基础信息逐户确认，确保系统内客户信息准确与现场一致。在低压批量流程拟定供电方案环节，确认客户基础信息无误后，在供电方案环节方案确定时间、可供电标志、核定容量、是否新增接入点、确定人意见等信息后推进下一环节（如图 7-53 所示）。

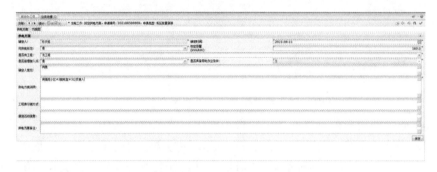

图 7-53　供电方案信息录入

在低压批量流程拟定供电方案信息录入后，进入供电方案添加环节，批量生成供电方案信息（如图 7-54 所示）：站、线、变、电源信息、电压、容量、分界点等信息。点击"生成"推至受电点方案环节（如图 7-55 所示）；同样在后面六个环节录入计量，电价等大量的信息。并且新增用户电价方案环节的计量箱和通信模块无法批量编辑方案，工作量也较大（如图 7-56 所示）。

图 7-54　批量供电方案信息生成

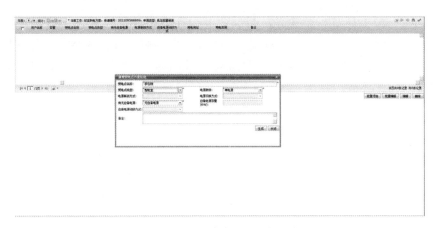

图 7-55　新增受电点方案信息

图 7-56　新增通讯模块方案

　　在完成答复供电方案环节、触发合同流程、竣工报验、竣工验收信息录入四个环节后进入验收意见汇总环节。

7.3.2.3　验收意见汇总

　　在验收意见汇总环节，业务人员录入验收意见和时间、供电标志、计费关系等信息后生成电能表示数，如图 7-57 所示。完成后提交下一步流程到装换表-派工环节。

图 7-57　验收意见汇总

在装换表—派工环节，业务人员根据业务受理申请编号（派工）查询未派工单信息，根据工作计划安排进行派工，完成后提交下一步流程。在接收装拆任务环节，业务人员根据批量装拆单信息列表核实无误后接收装拆任务、选择领取表计，提交下一步流程到装换表—出库环节。

7.3.2.4 装换表—出库

进入装换表—出库环节，业务人员根据接受装拆任务，选择领用人查询出库任务信息；点击出库任务信息后点选出库信息列表，在电能表、计量箱、通讯模块条码编辑栏对应输入条形码号、资产编号或出厂编号。因为电能表、计量箱不连号仅能单只进行添加，此环节复制粘贴量较大，选择领取表计后提交下一步流程装换表—现场处理（如图7-58 所示）。

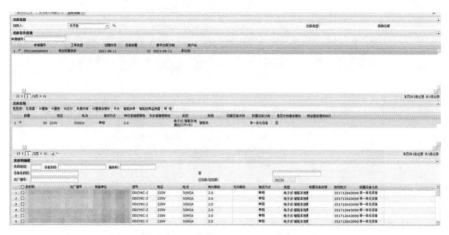

图 7-58 电能表装换表—出库

7.3.2.5 装换表—现场处理

进入装换表—现场处理环节，业务人员根据批量装拆任务单按照《电能计量装置装、拆、移、换工作规范》要求在此环节进行电能表、计量箱、通信模块安装。此环节计量箱、计量箱、通信模块需单户对应电能表进行安装，选择安装量较大（如图7-59所示）。装换表—现场处理后提交下一步流程装换表—审批，进入装换表—审批环节录入审核结果信息后提交下一步流程。

图 7-59　电能表、计量箱现场安装

经基层班组该作业场景实地统计，以 100 只批量表计为一组进行低压批量流程操作为例，顺利完成业务受理，勘查派工，现场勘查，拟定、答复、方案审批、竣工报验、验收、意见汇总，装换表派工、装拆任务、出库，装换表现场处理，装换表（审批）等环节的推进，平均耗时约 960 分钟；而在实际工作中，由于操作过程中数据录入错误较多，错误后问题查找和流程重置等时间普遍较长，导致批量新装表计安装平均耗时普遍在 9 分钟以上。

7.3.3　场景自动化流程

7.3.3.1　流程规划

针对低压用户批量新装这个场景，多数为表格录入的操作，同时也需要一定的页面操作。首先分析该系统，使用 IE 浏览器，因为该系统的特殊性，所以需要将浏览器的基本设置进行更改，如安全性设置、兼容性设置等。在能正常登入系统的情况下才能保证开发顺利。

我们将该流程步骤分为业务受理、现场勘察、拟定供电方案、方案审批、方案答复、竣工、合同、装换表派工、接收装卸任务、装换表出库、装换表现场处理、装换表审批等。

7.3.3.2　场景开发

第一步，业务受理。在进行业务受理之前，首先对输入的数据进行处理。然后使用 IE 浏览器进入系统，输入相关信息进行业务办理，最后将用户信息传入系统，如图 7-60、图 7-61 所示。

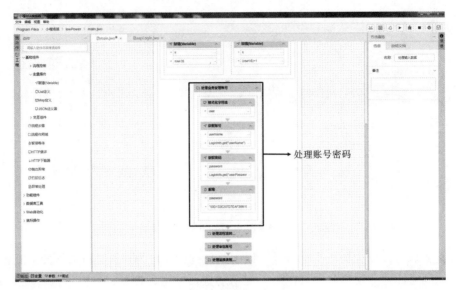

图 7-60 处理账号密码

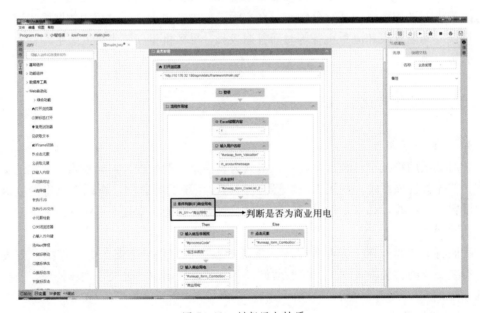

图 7-61 判断用电性质

第二步，现场勘察。首先登录进入系统，然后输入用户提供的相关信息，如图 7-62 所示。

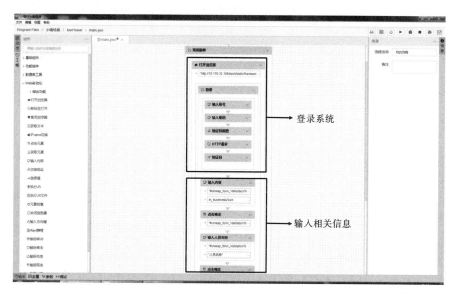

图 7-62 登录系统输入信息

第三步，拟定供电方案。根据用户上传的 Excel，填写供电方案，如图 7-63 所示。

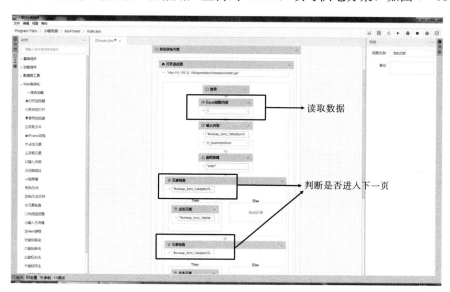

图 7-63 读取用户上传数据

第四步，方案审批及答复。审批上一步拟定的供电方案。审批后，答复方案，如图 7-64 所示。

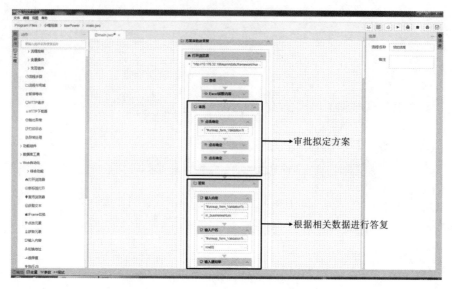

图 7-64　审批供电方案

第五步，竣工。将方案状态转换为验收成功，如图 7-65 所示。

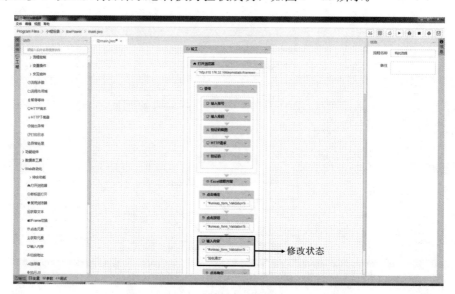

图 7-65　修改方案状态

第六步，合同。将表格中的用户信息写入合同，如图 7-66 所示。

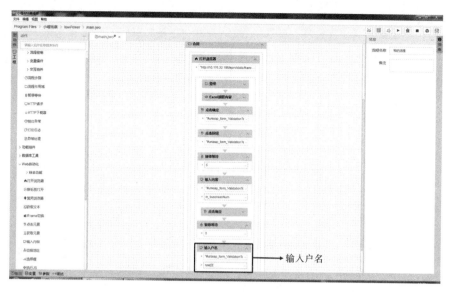

图 7-66　生成合同

第七步，装换表派工、接收装卸任务、装换表出库。对之前通过的方案点击进行派工、装卸、出库，如图 7-67 所示。

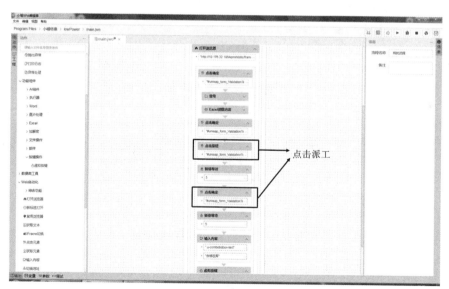

图 7-67　换装表派工

第八步，装换表现场处理。进行电表维护、箱表维护操作，如图 7-68 所示。

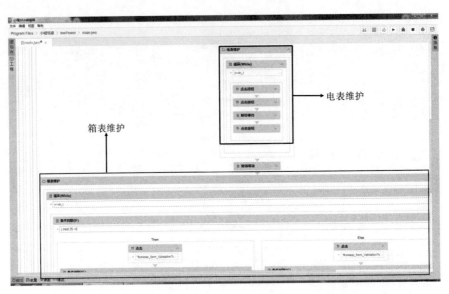

图 7-68　电表箱表维护

第九步，装换表审批。登录完成后，进入界面点击审批完成全部流程，如图 7-69 所示。

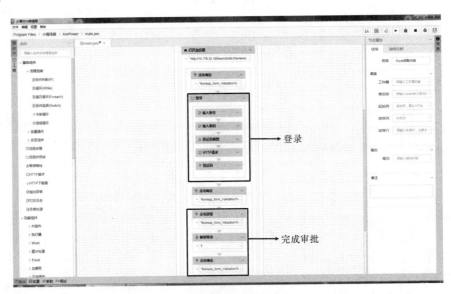

图 7-69　完成审批

7.3.3.3　表单设计

表单设计样式及说明如图 7-70、表 7-3 所示。

图 7-70　表单设计模板

表 7-3　表单说明

名称	说明
SG186 业务受理账户号	输入启动该流程账号信息
派工	输入派工人员的账号信息
装拆任务	输入装拆任务环节的账号信息
出库	输入出库环节的账号信息
现场处理	输入现场处理环节的账号信息
申请原因	输入此次换表任务的原因
执行条数	选择本次换表任务的数据条数，条数与上传数据表中的条数相同
数据表	上传本次换表任务的用户数据

7.3.3.4　场景使用

1. 登录 RPA 服务平台，找到对应的场景，在场景任务页面，找到并点击模板文件下载。下载模板文件后，参照模板文件填写户名、申请容量、表号（注：在 Sheet1 按要求填写用户新装数据，实际只需要填写户名、申请容量、表号）。点击任务管理下符号 "＋" 新建执行任务。在弹出的窗口中根据任务执行参数填入需要的业务营销系统账号密码，再根据填写框前面所提示的问号填写内容，上传填写好的 Excel 模板文件，设置好后点击下一步，如图 7-71 所示。在弹出的窗口中，根据需求设置任务类型、执行时间、是否保存录像，设置好点击提交后，场景开始运行。

2. 场景执行过程中可点击运行历史，找到正在执行的场景，点击任务执行情况可以在任务详情中查看该流程的运行情况，如图 7-72 所示。等待流程执行结束后，可以在任务详情中点击视频回放查看任务运行过程，如果该任务存在结果文件，则可以在结果文件下载中进行下载。

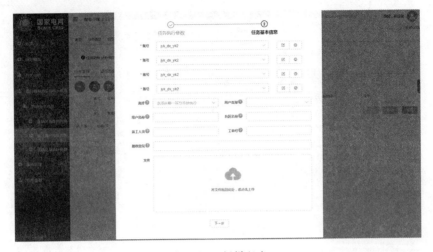

图 7-71　新增任务

图 7-72　任务详情

7.3.4　场景价值

低压客户批量新装场景应用完全模拟人工完成 SG186 营销系统的低压客户批量新装的大部分流程推进。相比较该场景涉及标准主业务流程的 12 个操作环节，应用 RPA 服务平台需要如下三个操作环节：第一步，首先登录小喔 RPA 服务平台，进入低压客户批量新装场景，下载模板文件并按模板格式收集数据；第二步，在平台创建低压客户批量新装流程自动化任务，导入收集完成的数据文件并选择定时执行或立即执行；第三步，等待任务执行结束后下载结果文件，查看任务执行结果情况。

以 100 只批量表计为一组进行的低压批量流程操作为例，低压批量流程 RPA 应用执行平均耗时约 120 分钟，与人工平均耗时约 960 分钟相比，节省时间成本约 80%。根据人工操作时效和自动化操作时效的对比分析，可节约单只新装表计换装耗时约 7.8 分钟，按四川公司每年新装 200 万只表计算，低压客户批量新装 RPA 应用后，每年可节约人工工作量约 26 万小时。

7.4　线损明细表

7.4.1　业务背景

台区线损应用作为公司营销管理水平提升及检验用电信息采集质量的重要技术手段，国网四川公司高度重视，在台区线损应用工作中充分运用用电信息采集系统的强大功能，实现对台区线损进行推进分析，准确计算出台区的线网损耗，并由此制定出有效的管理和技术措施，有效降低线损，从而实现线损的可控在控，把线损率减少到最小，使线损管理达到较为先进的水平。

为解决大批量数据调用比对效率低的问题，国网四川公司设计开发了线损明细表场景应用，针对异常台区及新增高、负损台区，形成统计清单，由专人每天监测通报，限期保质完成整改。

7.4.2　原业务流程及人工操作时效

在线损明细数据调用核对过程中，业务人员需要登录采集系统，人工在台区线损界面进行按条件查询获取数据。

7.4.2.1　采集系统相关信息查询

登录采集系统通过高级应用－线损分析－本地化线损监控－台区线损监测模块，选择需查询的起止时间、自定义损耗率（％）值区间、单位等条件进行查询，并对相关信息进行核对后数据导出留存（此界面最多导出 200 条数据），如图 7−73 所示。

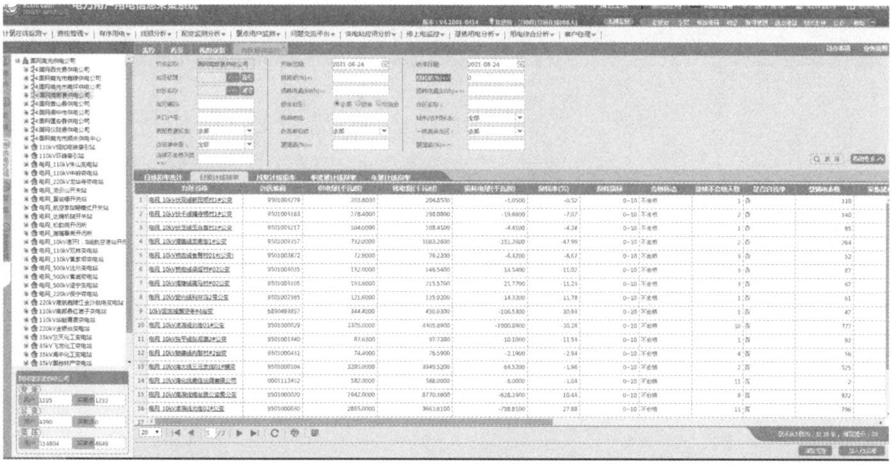

图 7−73　用户用电信息导出

经基层单位该作业场景实地统计，以市公司为一组进行的台区线损监控数据查询为例，完成台区线损监控数据的查询导出合并平均耗时约 300 分钟，单台区查询耗时约 0.011 分钟。

7.4.3 场景自动化处流程

7.4.3.1 流程规划

该场景为简单的数据获取场景，重要步骤就是表格数据获取以及数据库写入，所以我们将该场景分为三个流程步骤：登录、数据获取、插入数据库。

第一步，系统登录。该流程需要注意的地方就只有选择器以及验证码的识别。

第二步，数据获取。这一步较为简单，具体就是 Web 自动化控件的使用，以及表格数据获取控件的使用。

第三步，存入数据库。这一步是一个难点，因为涉及数据库控件的使用，需要了解一定数据库语句。

7.4.3.2 场景开发

第一步，系统登录。该步骤的重点就是验证码识别控件的使用，且依然将登录步骤制作为登录子流程，方便重复使用，如图 7-74、7-75、7-76 所示。

图 7-74 登录界面

图 7-75 制作成子流程

图 7—76 登录验证码识别

第二步，数据获取。获取数据首先就得查找数据，所以我们得先进入目标页面才能进行搜索数据。在导航到目标页面时，因为这两个动作是下拉而非点击，所以此处使用鼠标移动控件，如图 7—77、图 7—78、图 7—79、图 7—80 所示。

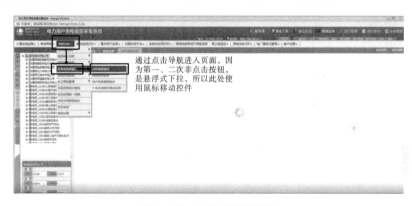

图 7—77 导航至目标页面

图 7—78 页 面 导 航

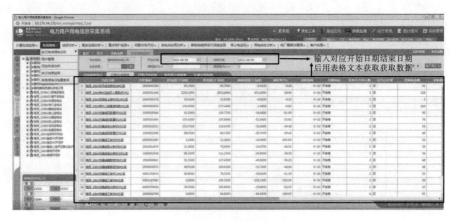

图7—79 表格获取

图7—80 表格文本提取

第三步，存入数据库。这一步较为困难，因为会涉及数据库的连接，打开数据库连接到对应数据库，然后使用数据库更新控件填写数据，如图7—81所示。注意数据库语句的填写正确。

图7—81 数据库写入

7.4.3.3　表单设计

表单设计样式及说明如图 7-82、表 7-4 所示。

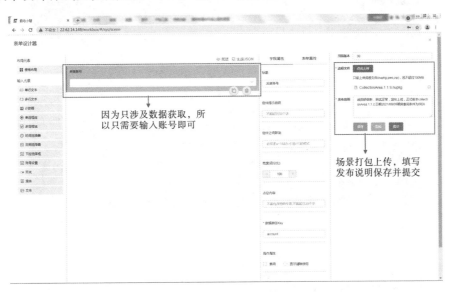

图 7-82　表单设计模版

表 7-4　表单说明

名称	说明
采集账号	输入登录系统的相关账号

7.4.3.4　场景使用

1. 登录 RPA 服务平台，找到对应的场景，在弹出窗口中点击符号"+"新建执行任务。在弹出的窗口中根据任务执行参数输入或选择采集账号，设置好后点击下一步，如图 7-83 所示。在弹出的窗口中，根据需求设置任务类型、执行时间、是否保存录像，设置好点击提交后，场景开始运行，如图 7-84 所示。

2. 场景执行过程中可点击运行历史，找到正在执行的场景，点击任务执行情况可以在任务详情中查看该流程的运行情况，如图 7-85 所示。等待流程执行结束后，可以在任务详情中点击视频回放查看任务运行过程，如果该任务存在结果文件，则可以在结果文件下载中进行下载。

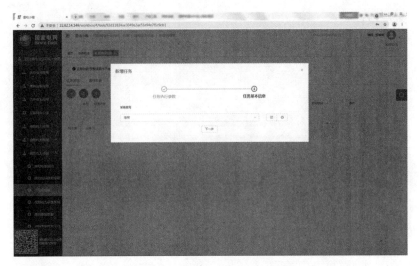

图 7—83　新增服务

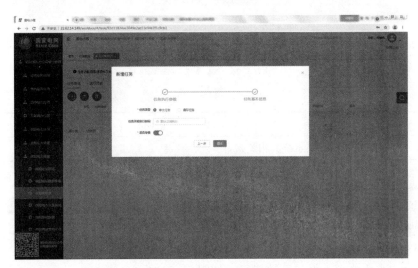

图 7—84　新增任务

图 7—85　任务详情

7.4.4　场景价值

线损明细表查询场景应用完全模拟人工在系统中获取对台区信息导出并汇总表格，相比较该场景标准业务，仅需要 1 个应用模块提取数据，代替人工机械进行查询、导出、汇总、留存的操作，应用 RPA 服务平台后仅需要如下三个操作环节：第一步，首先登录小喔 RPA 服务平台，进入线损明细表场景，下载模板文件并按要求填入相关信息；第二步，在平台创建线损明细表自动化任务并选择定时执行或立即执行；第三步，等待任务执行结束后下载结果文件。

以市级公司为一组进行的线损明细表查询为例，线损明细表查询场景应用执行平均耗时约 20 分钟，与传统人工作业耗时 300 分钟相比，节省时间成本约 93％。

通过线损明细表场景应用，一是能够快速获取不合格台区，促进尽快完成不合格台区治理，提升治理成效；二是通过数据分析将线损率超高、持续时间长、损失电量大的台区作为重点，在提升台区线损合格率的同时，快速压降台区损失电量；三是利用台区线损监控明细表对异常台区重点督办、专人监测、协助治理逐一分析，通过日通报、周分析、月考核确保线损应用工作的有序开展。通过线损明细表查询场景应用，不仅可以提升查询速度，同时，能够自动将数据存放数据库以供差异信息进行比较，为工作人员定位异常台区治理情况。

7.5　计量装置配送申请

7.5.1　业务背景

国网四川公司电能计量装置实行集中统一配送。当前营销业务应用系统在配送执行出库环节，需要业务人员人工录入电能表条形码（或资产编号、出厂编号），由于目前国网四川公司客户规模增长较快，基层单位新装和换装任务普遍较重，加之计量（采集）运维班人员有限，配送作业效率不高，导致配送超时限影响业务进度、资产管理账实不符等情况多有发生。为解决电能计量装置配送效率低的问题，国网四川公司基于 RPA 服务平台设计开发了计量装置配送申请场景应用。

7.5.2　原业务流程及人工操作时效

计量装置配送申请按照计量装置资产管理的层级关系，分为配送操作和返回配送操作两类，如果是上级向下级配送或者同级间配送，需要发起配送申请；如果是下级向上级返回配送，则需要发起设备返回配送申请。两类操作流程均包括配送/返回配送申请、制定配送月计划、制定配送任务三个环节，共涉及 16 个操作界面，其中 5 个界面需要进行录入操作，大批量数据录入主要集中在配送出库界面。下文以县公司向供电所配送电能表为例，对业务流程描述如下。

7.5.2.1 配送/返回配送申请

1. 发起配送申请。收货单位（供电所）通过业务菜单中计量资产管理－配送管理－新配送申请发起流程。选择供货单位（县公司）、物资类型等查询条件后添加相应物资，并录入配送数量和要求配送时间，点击提交申请（如图 7-86 所示）。

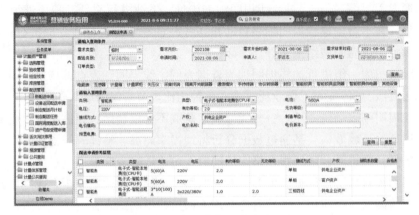

图 7-86　发起配送申请

如果本次调配属于供电所向县公司返回配送，则由县公司发起设备返回配送申请，如图 7-87 所示。

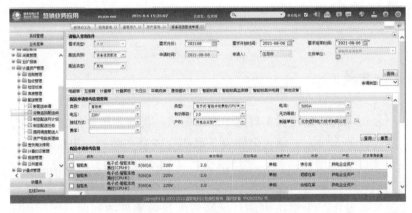

图 7-87　设备返回配送申请

在本环节中，业务人员需在资产查询中查询本次配送的电能表表计电压、电流、有功等级、接线方式、所在单位、生产厂家等参数信息，确保配送申请参考信息栏中所选参数信息与所领电能表实物参数信息一致，且和后续配送出库界面中录入的电能表资产信息保持一致。期间任何一处信息录入错误将导致后续出库流程无法正常推进，或造成资产信息账实不一致。

2. 配送申请审核。由收货单位和供货单位分别完成配送申请审核，然后由申请发起人完成申请归档。

7.5.2.2 制订配送月计划

完成配送月计划制订。由供货单位通过业务菜单中计量资产管理－配送管理－制订配送月计划中发起流程。根据计划开始时间和计划结束时间，选择收货单位提交的配送申请，推进流程（如图 7－88 所示）。随后进行供货单位配送计划审核及归档。

图 7－88 供货单位制订配送月计划

7.5.2.3 制定配送任务

1. 发起制定配送任务流程。供货单位通过业务菜单中计量资产管理－配送管理－制定配送任务中发起流程，录入配送日期，选择对应周计划，添加该计划并配送执行。

2. 供货单位进入配送出库流程，在出库信息中找到对应的配送执行任务，逐条录入需要调配的表计资产条形码或出厂编号等信息并进行核对。完成所有表计出库后提交流程（如图 7－89 所示）。该环节存在大量数据的人工录入操作，在配送计量装置资产条形码连续的情况下的操作相对简单，但实际情况下计量装置编号跳跃不连续的情况较为普遍，在反复复制、粘贴操作过程中，工作效率低且出错率高。注意，本环节中录入的资产信息应确保与前面配送申请环节中所选信息及所领电能表实物参数信息完全一致。

图 7－89 供货单位逐一录入资产条形码并出库

随后收货单位完成配送入库和配送归档流程。经基层班组该作业场景实地统计，以 500 只电能表为一组进行的计量装置配送申请流程操作为例，顺利完成配送/返回配送申请、制定配送月计划、制定配送任务等全部三个环节的推进平均耗时约 60 分钟，单只电能表配送平均耗时约 0.12 分钟。

7.5.3　场景自动化处流程

7.5.3.1　流程规划

通过自动化完成基层重复数据操作、代替营销信息系统应用中数据型重复操作，实现数据的配送与反配送。

7.5.3.2　场景开发

1. 配送/返回配送申请。

在流程启动环节，需核实本次调配物资对应的条形码。由收货方确定本次所需物资的类别、类型、厂家、产权等，供货方按照物资条件在资产查询中确定本次配送的条形码范围。如果是根据手中实物调配，则需要扫码备用。本次以营销常用物资电能表为例，由高新机投供电所向国网成都市高新供电公司发起的新配送申请，如图 7-90 所示。

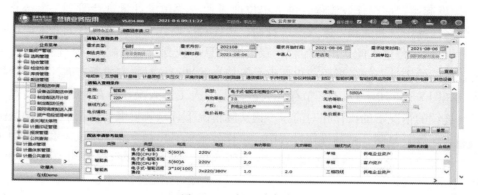

图 7-90　新配送申请

（1）由收货方发起配送申请。从业务菜单中计量资产管理-配送管理-新配送申请中发起流程。在交货单位位置点选供货单位，选择物资类型为电能表，点击查询。查询出供货单位库存状态后，依次输入查询条件，点击查询，在配送申请参考信息栏勾选后点击添加。在申请明细信息输入配送数量和要求配送时间后，点击提交申请。流程步骤如图 7-91 所示。

图 7-91　配送申请流程步骤

如果本次调配属于下级单位向上级单位返回物资，例如由高新机投供电所向国网高新供电分公司返回物资，则由上级单位国网高新供电分公司发起设备返回配送申请流程。从业务菜单中计量资产管理－配送管理－设备返回配送申请中发起流程。所填资料同于新配送申请，区别是在交货单位位置点选下级单位作为供货方，配送类别点选下拉菜单为设备返回配送，配送类型按实际情况下拉选择，如图 7-92 所示。无论是配送申请还是返回配送申请，后续流程一致。

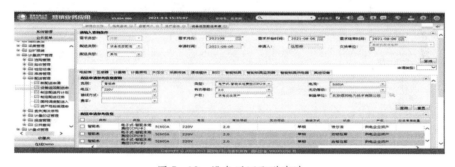

图 7-92　设备返回配送申请

（2）刷新待办，由收货方和供货方分别完成配送申请审核，然后由申请发起人完成申请归档，分别如图 7-93、7-94、7-95 所示。流程图如图 7-96 所示。

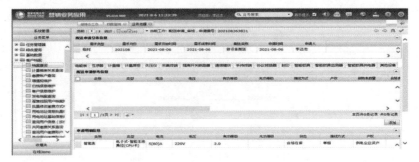

图 7-93　收货方配送申请审核

图 7-94　供货方配送申请审核

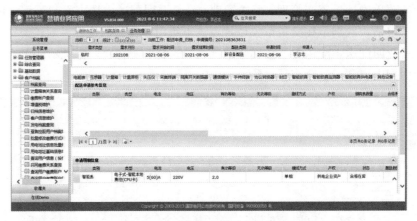

图 7-95　申请人配送申请归档

图 7-96　配送/返回配送申请流程图

2. 制订配送月计划。

（1）由供货方完成制订配送月计划。从业务菜单中计量资产管理－配送管理－制订配送月计划中发起流程。需要填入计划开始时间和计划结束时间，点击查询。在配送申请信息栏中勾选收货方提交的配送申请，点击添加，在配送计划明细栏勾选配送明细后点击保存并推进流程，如图 7－97 所示。

图 7－97 供货方制订配送月计划

（2）供货方配送计划审核及归档，如图 7－98 和 7－99 所示。流程步骤如图 7－100 所示。

图 7－98 供货方配送计划审核

图 7－99 供货方配送计划归档

图 7-100   制订配送月计划流程图

3. 制定配送任务。

（1）送货方发起制定配送任务流程。从业务菜单中计量资产管理－配送管理－制定配送任务中发起流程，输入配送日期，点击查询，在未执行的配送周计划栏，选择对应周计划，点击添加，点击配送执行，如图 7-101 所示。流程步骤如图 7-102 所示。

图 7-101   供货方制定配送任务

图 7-102   制定配送任务流程图

（2）供货方刷新待办，进入配送出库流程。出库信息中领用人选择人员，点击查询，在出库任务信息中，找到对应的配送执行任务，在领用申请信息处，选中该任务，并逐条输入需要调配的资源条形码或出场编号等信息进行核对，回车确定，最后勾选所有资产清单复选框后点击出库，输入该账号的密码执行出库，如图 7-103、图 7-104 所示。

图 7-103　供货方制定配送出库

图 7-104　供货方逐一录入资产条形码

（3）收货方刷新待办，完成配送入库流程。在配送入库申请信息中，勾选所有资产清单复选框，如图 7-105 所示。点击所有库房，找到对应库区的相应储位，点击确定，如图 7-106 所示。最后点击入库。

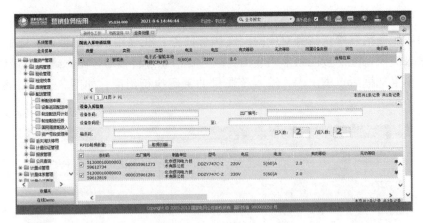

图 7—105　收货方配送入库

图 7—106　收货方选择入库的库房

（4）送货方刷新待办，完成配送归档流程。操作界面点击保存即可，如图 7—107 所示。至此，该次配送流程结束。流程步骤如图 7—108 所示。

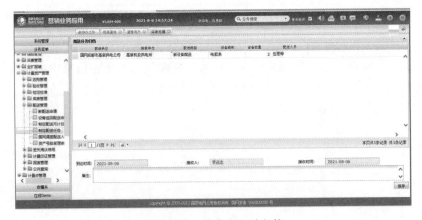

图 7—107　供货方配送归档

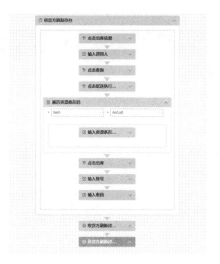

图 7−108　制定配送任务流程图

7.5.3.3　表单设计

表单设计样式及说明如图 7−109、表 7−5 所示。

图 7−109　表单设计模板

表 7−5　表单说明

名称	说明
账号	输入登录系统的相关账号

7.5.3.4　场景使用

1. 登录 RPA 服务平台，找到对应的场景，在弹出窗口中点击符号"＋"新建执行任务。在弹出的窗口中根据任务执行参数输入账号和密码，输入好后点击下一步，如图 7−110 所示。在弹出的窗口中，根据需求设置任务类型、执行时间、是否保存录像，设置好点击提交后，场景开始运行。

2. 场景执行过程中可点击运行历史，找到正在执行的场景，点击任务执行情况可以在任务详情中查看该流程的运行情况。等待流程执行结束后，可以在任务详情中点击视频回放查看任务运行过程，如果该任务存在结果文件，则可以在结果文件下载中进行下载。

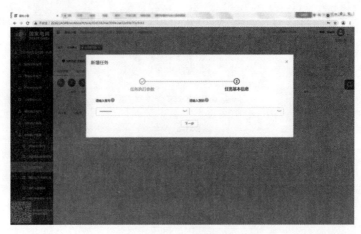

图 7-110　新增服务

7.5.4　场景价值

计量装置配送申请场景应用完全模拟人工完成营销业务应用系统的计量设备配送全流程推进。相比较该场景标准业务流程的 3 个环节 16 个操作界面，应用 RPA 服务平台后仅需要三个步操作：第一步，首先登录小喔 RPA 服务平台，进入新配送申请场景，下载模板文件并按模板格式收集数据；第二步，在平台创建新配送申请流程自动化任务，导入收集完成的数据文件并选择定时执行或立即执行；第三步，等待任务执行结束后下载结果文件，查看任务执行结果情况。

以 500 只电能表为一组进行的计量装置配送申请流程操作为例，新配送申请 RPA 应用执行平均耗时约 15 分钟，单只电能表配送平均耗时约 0.03 分钟，与传统人工作业耗时 60 分钟相比，节省时间成本约 75%。

通过计量装置配送申请流程场景应用，促进计量装置配送效率、计量资产管理规范化和标准化，有效杜绝了资产管理账实不一致等情况发生。根据人工操作时效和自动化操作时效的对比分析，可节约单只表计配送耗时 0.09 分钟，按四川公司年配送 1000 万只表计算，计量装置配送申请场景应用后，每年可节约人工工作量约 15 000 小时。

第8章 运检专业经典案例详解

本章主要讲述 RPA 在运检专业开发应用的典型场景案例，包括供电服务运营分析、主动工单派发、批量台账维护填入、带电作业统计、停电检修计划录入共 5 个应用场景，同时具体分析了原业务背景和业务流程等内容，并结合业务内容介绍了应用场景开发的核心环节，便于读者通过学习典型场景的开发实现过程，进一步掌握 RPA 开发技能。

8.1 供电服务运营分析场景

8.1.1 业务背景

电力企业每天、每周都在发布大量供电服务运营分析报表，但是面临多类数据源、数据量大、数据结构复杂、关联分析难的问题，受制于报表制作人员数字化分析方法局限、数据分析处理技能水平差异，运用传统的运营分析报表制作方式无法满足全量数据全覆盖的分析要求，造成分析人员工作量大、耗时较长、分析灵活性不足等问题。

利用 RPA 服务平台进行供电服务运营分析模型固化后，报表制作人员能快速从全量数据中精准定位分析方向、骤减数据处理耗时，极大提升了供电服务运营分析效率和质量。

8.1.2 原业务流程及人工时效

供电服务运营分析传统业务流程主要有三步：第一步，依靠各报表制作人员在多个业务系统中查询相关数据；第二步，人工进行归纳、处理、分析相关业务数据；第三步，制作对应的分析报表。

原业务流程需要报表制作人员定期查询相关系统对应数据，如图 8-1、图 8-2 所示，进行报表数据处理过程的重复操作劳动，耗费大量人力，出错率较高，效率低下。

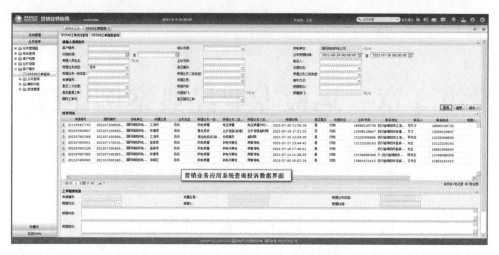

图 8-1 营销业务应用系统查询投诉数据界面

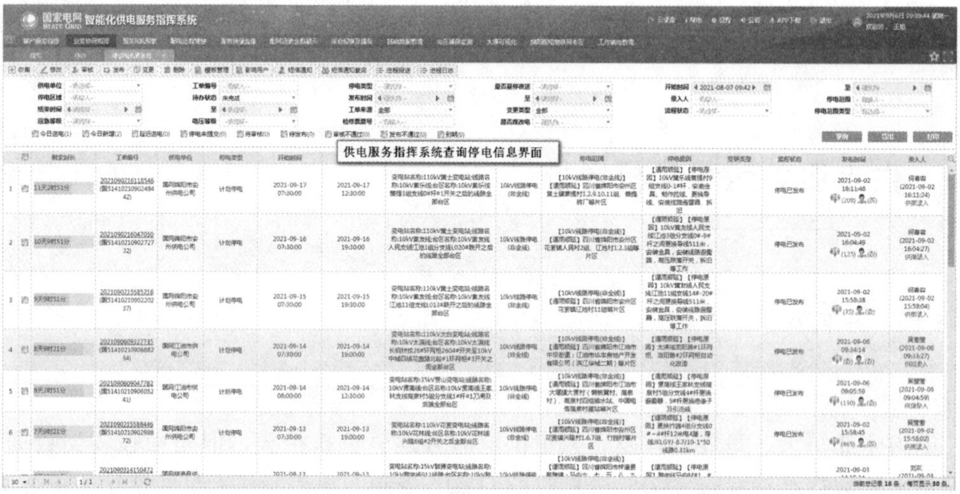

图 8-2 供电服务指挥系统查询停电信息数据界面

因原业务流程需要靠人工查询多个业务系统进行数据收集、处理、分析、核对，需要定期进行重复的报表制作流程，且报表涉及的数据越多，人工出错的可能性越大，综合性报表往往需要多位数据分析人员才能制作完成，耗费管理人员大量精力。

以国网绵阳供电公司供电服务指挥中心为例，每天发布相关监控日报 2 项，每周发布供电服务指挥周报 1 期，每月发布供电服务指挥月报 1 期。每日监控日报需要一位报表制作人员耗费 2 小时工作时间，每逢周报、月报发布时，需要 5 位报表制作人员耗费半天至 1 天时间才能制作完成。

8.1.3　场景自动化流程

8.1.3.1　流程规划

针对供电服务运营分析场景，该流程涉及供电服务指挥系统、营销业务应用系统、调度自动化系统等多个系统数据，需要使用者提供的数据为分析开始时间、分析结束时间、分析场景，得到的结果为相关供电服务运营分析报表。可以通过 RPA 服务平台模拟人工登录多个系统 Web 端查询相关数据进行分析，也可以通过 RPA 服务平台登录相关数据库查询相关数据进行分析。

本案例采用通过 RPA 服务平台登录相关数据库查询数据的方式实现。

根据流程特征，我们将其拆分若干个子流程，每个子流程对应一个分析场景，例如投诉分析、抢修分析、停电分析、业扩分析等。每个子流程分为 4 个小块：数据库登录、查询数据、数据处理和生成报表。

本案例以"投诉分析"的子流程进行介绍。

第一步，数据库登录。由于目前所有业务系统数据已经同步到数据中台，我们可以使用 RPA 服务平台登录数据中台查询各业务系统数据，免去了反复登录多个业务系统的烦琐步骤。

第二步，查询数据。通过编写结构化查询语句（SQL）获取相关数据。

第三步，数据处理。通过 RPA 服务平台进行数据自动处理，代替传统数据处理的繁复操作过程。

第四步，生成报表。自动生成相关 Word 报表，返回给客户。

8.1.3.2　场景开发

第一步，数据库登录。首先收集场景使用者需要的分析开始时间、分析结束时间，然后使用 RPA 服务平台登录相关数据库查询，如图 8−3 所示。使用数据库工具模块中打开数据库等组件。

图 8−3　小喔 RPA 编辑器数据库登录部分

第二步，查询数据。通过编写结构化查询语句（SQL）获取相关数据。以投诉分析的子流程为例，需要查询数据中台中营销业务应用系统的 S_95598_WKST95598 工单信息表以及其相关关联表 S_COMPLAIN 投诉属性性、供电企业责任，S_SRV_REQ95598 受理信息 SA_PROP_LIST 码表的对应信息。使用数据库工具模块中数据库查询等组件。

如图 8-4 所示。

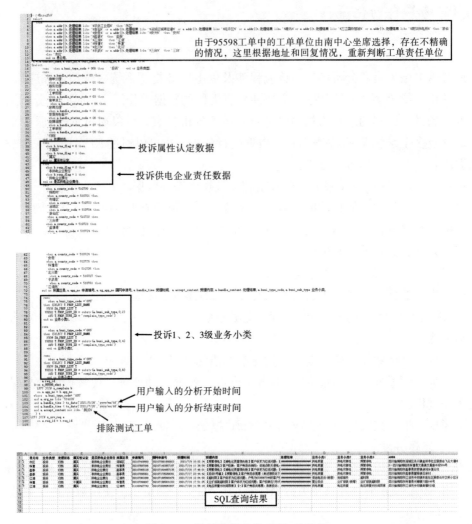

图 8-4 投诉数据查询 SQL 及结果

第三步，数据处理。通过 RPA 服务平台进行数据自动处理，代替传统数据处理的繁复操作过程。将第二步查询到的数据存入 Excel，通过编写 VB 脚本进行数据统计分析。使用功能组件模块 Excel、VBS 执行器等组件，如图 8-5、图 8-6 所示。

图 8-5 小喔 RPA 编辑器数据处理、生成报表部分

对第二步查询得到数据进行分类统计的 VB 代码

对应得到的统计表

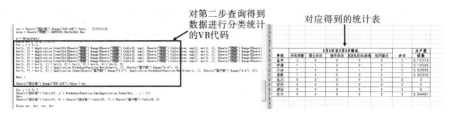

图 8-6　用 VB 脚本数据处理代码片段

第四步，生成报表。自动生成相关 Word 报表，返回给客户。通过编写 VB 脚本进行数据统计分析。使用功能组件模块 VBS 执行器等组件。最后将各个子流程得到的 Word 段落进行组合，即可得到模块化的动态分析报表，如图 8-7 所示。

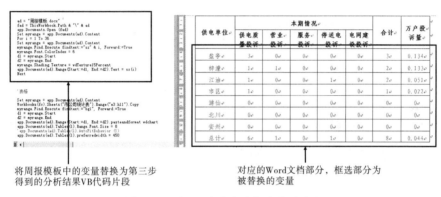

将周报模板中的变量替换为第三步得到的分析结果 VB 代码片段

对应的 Word 文档部分，框选部分为被替换的变量

图 8-7　用 VB 脚本生成报表代码片段

8.1.3.3　表单设计

上传对应的流程文件，点击保存或提交按钮，如图 8-8 所示。

图 8-8　表单设计

8.1.3.4　场景使用

1. 登录 RPA 服务平台，找到对应的场景。选择任务管理下的蓝色符号 "＋" 新建执行任务。在弹出的窗口中根据任务执行参数填写分析开始时间、分析结束时间，按需

勾选分析内容。设置好所有参数后点击下一步。在弹出的窗口中，根据需求设置任务类型、执行时间、是否保存录像，设置好点击提交后，场景开始运行。如图 8-9 所示。

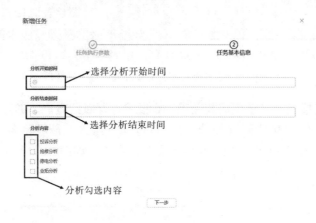

图 8-9 设置任务执行参数

2. 场景执行过程中可点击运行历史，找到正在执行的场景，点击任务执行情况可以在任务详情中查看该流程的运行情况。等待流程执行结束后，可以在任务详情中点击视频回放查看任务运行过程，如果该任务存在结果文件，则可以在结果文件下载中进行下载。如图 8-10 所示。

图 8-10 任务详情

8.1.4 场景价值

本场景应用可完全替代人工进行任意时间段的供电服务运营分析报表制作，应用本场景仅需要两步操作：第一步，首先登录小喔 RPA 服务平台，选择供电服务运营分析场景，创建流程自动化场景，输入分析开始时间和分析结束时间，勾选需要分析的内容，RPA 服务平台即可自动执行任务；第二步，等待任务执行结束后，下载供电服务运营分析报表，查看任务执行结果情况。

以供电服务运营分析周报制作流程操作为例，小喔 RPA 自动化场景执行仅需要输入分析时间、自动执行两个步骤，平均耗时由 2.5 天降至 3 分钟左右，免去了烦琐操作，且分析的灵活性大大加强，总耗时也节省了 99% 以上，极大地解放了人力。

按全川每周产出各类运营分析报表 500 余次计算，小喔 RPA 机器人在该场景应用替代人工 300 余人。同时，采用小喔 RPA 机器人进行供电服务运营分析报表制作，能够确保分析数据 100% 正确，避免了人为疏忽造成差错；实现了分析时间自由选择、分类内容自由定制的动态分析报表自动生成，极大地提高了数据分析效率，为企业决策、指标提升、自查自纠等工作场景提供了强有力的数据支撑。

8.2　主动工单派发

8.2.1　业务背景

随着经济社会发展，人民生活水平日益提高，用电客户更加注重服务体验，对服务便捷性、服务响应速度、服务主动性、服务精准性各方面需求也不断提升。当前"云大物移智链"等新技术快速发展，不断推动生产方式和服务模式变革，为供电服务模式创新提供了技术支撑。

作为具有中国特色、国际领先的能源互联网企业，国网公司完善以客户需求为导向的服务体系，实现主动监测、主动抢修、主动服务，推动抢修服务全流程透明化，先于客户报修前派出抢修队伍，缩短抢修时长，满足客户智能化、便捷化、个性化需求，全面提升客户服务感知，减少客户诉求。

8.2.2　原业务流程及人工时效

主动工单派发流程在供电服务指挥系统中进行，汇集低压台区漏保系统、用电信息采集系统、调度自动化系统等多个业务系统数据，实时获取配电线路、配变、用户表计等故障或异常信息，研判后发起主动抢修工单至基层单位现场处置。

原业务流程主要有三步：第一步，值班人员 7×24 小时监屏，时刻留意有无主动抢修工单，如图 8-11 所示；第二步，人工判断主动抢修工单所属班组是否需要督办，如图 8-12 所示；第三步，值班人员及时派发至相应班组或进行督办。流程推进过程中需在循环在两个界面进行多次切换，并根据经验判断是否派发班组，对处理不及时的工单进行督办，耗费大量人力，出错率较高，效率低下。

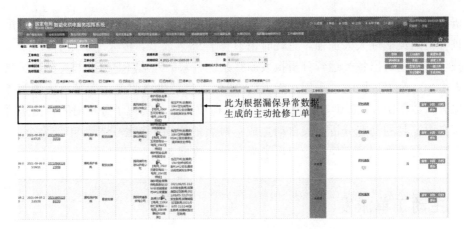

图 8-11　主动抢修工单处理界面

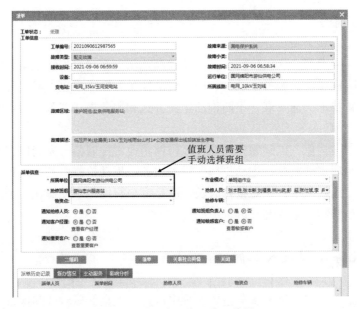

图 8-12　主动抢修工单派单界面

因为原业务流程需要值班人员 7×24 小时监屏来保证工单派发的及时性，需耗费大量人力。且派发准确性依靠值班人员个人经验，一旦值班人员派发班组错误，将花费大量时间进行工单回退−重新派发的额外流程，影响工单时效性。对工单的督办也会耗费值班人员大量精力。

以国网绵阳供电公司为例，每月主动抢修工单量为 500 笔左右，需要每班安排 2 个值班人员进行处理，按 7×24 小时三班倒值班要求，需要 6 个值班人员才能完成此项业务。

8.2.3　场景自动化流程

8.2.3.1　流程规划

针对主动工单派发场景，根据流程特征，我们将其拆分为六个步骤：系统登录、自动监屏、数据智能分析、自动派发、自动督办、生成操作记录。

第一步，系统登录。提供输入界面接收用户提供的供电服务指挥系统账号和密码（目前供电服务指挥系统登录不需要验证码），并登录供电服务指挥系统。

第二步，自动监屏。切换到主动抢修工单处理界面，获取当前所有在途主动抢修工单数据。

第三步，数据智能分析。分析获取的在途主动抢修工单数据，判断哪些工单需要触发派单操作，哪些工单需要触发督办操作。

第四步，自动派发。对需要派单的工单进行班组研判，根据研判结果派发至对应班组。

第五步，自动督办。对需要督办的工单进行督办操作。

第六步，生成操作记录。将第四、第五步的操作记录保存至 Excel，返回给客户。

8.2.3.2 场景开发

第一步，系统登录。提供输入界面接收用户提供的供电服务指挥系统账号和密码，并登录供电服务指挥系统。使用 Web 自动化模块中打开浏览器、输入内容、点击元素等组件，如图 8-13 所示。

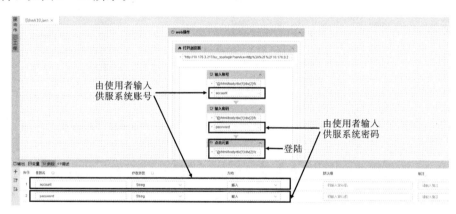

图 8-13 RPA 编辑器系统登录部分

第二步，自动监屏。切换到主动抢修工单处理界面，获取当前所有在途主动抢修工单数据。使用 Web 自动化模块中 IFrame 切换、执行 JS 文件等组件，如图 8-14、图 8-15、图 8-16 所示。

图 8-14 RPA 编辑器自动监屏部分

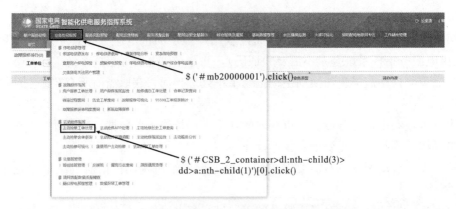

图 8-15　切换到主动抢修工单处理对应供服系统界面

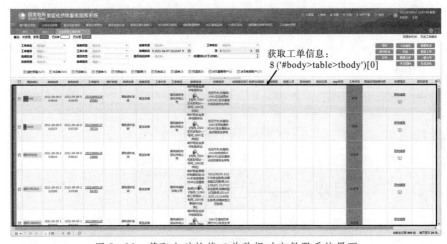

图 8-16　获取主动抢修工单数据对应供服系统界面

第三步，数据智能分析。分析获取的在途主动抢修工单数据，判断哪些工单需要触发派单操作，哪些工单需要触发督办操作。使用流程控制模块中 Foreach、IF 等组件，如图 8-17 所示。

图 8-17　RPA 编辑器数据智能分析部分

第四步，自动派发。对需要派单的工单进行班组研判，根据研判结果派发至对应班组。如图 8-18 所示。

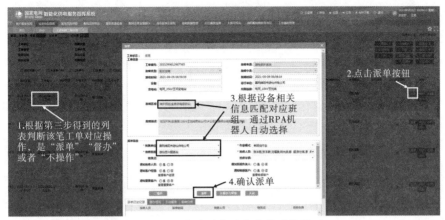

图 8-18　自动派发对应供服系统界面

第五步，自动督办。对需要督办的工单进行督办操作。如图 8-19 所示。

图 8-19　自动督办对应供服系统界面

第六步，生成操作记录。将第四、第五步的操作记录保存至 Excel，返回给客户。使用功能组件模块中 Excel 相关组件。如图 8-20 所示。

图 8-20　RPA 编辑器生成操作记录部分

8.2.3.3 表单设计

上传对应的流程文件，点击保存或提交按钮，如图 8-21 所示。

图 8-21　表单设计

8.2.3.4 场景使用

1. 登录 RPA 服务平台，找到对应的场景。选择任务管理下的蓝色符号"+"新建执行任务。在弹出的窗口中根据任务执行参数填写供服系统账号（按提示格式填写账户和密码）。设置好所有参数后点击下一步，如图 8-22 所示。在弹出的窗口中，根据需求设置任务类型、执行时间、是否保存录像，设置完点击提交后，场景开始运行。

图 8-22　设置任务参数

2. 场景执行过程中可点击运行历史，找到正在执行的场景，点击任务执行情况可以在任务详情中查看该流程的运行情况。等待流程执行结束后，可以在任务详情中点击视频回放查看任务运行过程；如果该任务存在结果文件，则可以在结果文件下载中进行下载。如图 8-23 所示。

图 8—23　任务详情

8.2.4　场景价值

RPA 服务平台完全模仿人工定期进行主动工单派发流程推进，应用 RPA 场景仅需要两步操作：第一步，登录 RPA 服务平台，选择主动工单派发场景，创建流程自动化场景，输入供电服务指挥系统账号密码，RPA 服务平台即可自动执行任务；第二步，等待任务执行结束后，可下载日志文件，查看任务执行结果情况。

以一天的主动工单派发系统流程操作为例，RPA 服务平台自动化场景执行仅需要登录—自动执行两个步骤，耗时 5 分钟左右，系统操作的烦琐程度极大降低，总耗时也节省了 99％以上，极大解放了人力。

按全川每年主动抢修工单量 10 万张计算，RPA 服务平台在该场景应用替代人工 100 余人。同时，采用 RPA 服务平台进行主动工单派发流程推进，能够确保派发班组 100％正确，避免了人为疏忽造成的派单差错，确保流程一次性成功；实现了自动催办功能，解放了大量人力，缩短主动抢修时长，提升了客户使用体验，是企业数字化转型的典型应用场景。

8.3　批量台账维护填入

8.3.1　业务背景

输变配专业基层班组员工在工作中，经常需要对一些 PMS 设备台账进行维护，目前采用的工作方式是业务人员手动登录设备（资产）运维精益管理系统，通过设备变更申请的新建、审核、归档等流程才能完成一条设备台账维护。台账信息维护本身是较为简单的事情，但因为系统流程步骤多，流转速度慢，需要消耗大量时间，造成业务人员工作量大，工作效率低。

为提质增效，切实降低基层员工负担，让基层工作开展简单化、效率化，可将需要维护设备台账整理为 Excel 文档，通过 RPA 服务平台读取 Excel 文档信息，代替人力发起台账维护流程，实现设备台账的批量维护。

8.3.2 原业务流程及人工时效

设备台账维护流程需要在设备（资产）运维精益管理系统中完成，流转步骤多，等待时间长，效率低下。

原业务流程主要有登录系统、变更申请、变更申请审核、台账维护、台账变更审核、归档确认六步。

第一步，登录 PMS 系统。输入用户名、密码并登录，进入设备变更申请模块，如图 8-24 所示。

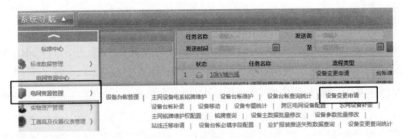

图 8-24 PMS 系统导航页

第二步，新建设备变更申请流程。

新建变更申请单，输入变更内容和原因，如图 8-25 所示。

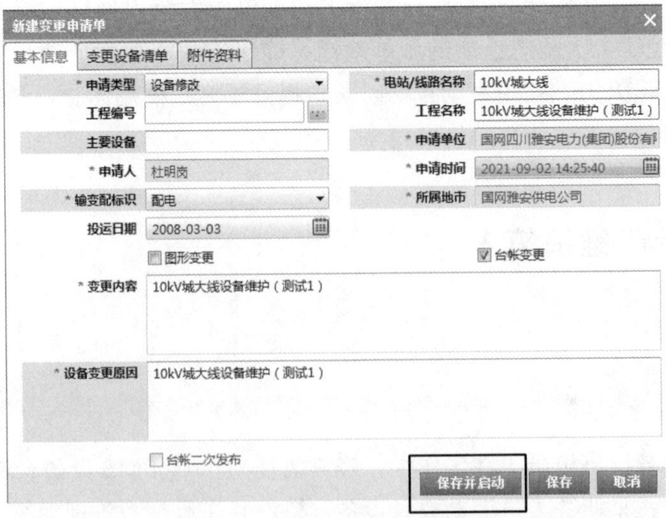

图 8-25 新建变更申请单页面

第三步，变更申请审核，如图 8-26 所示。

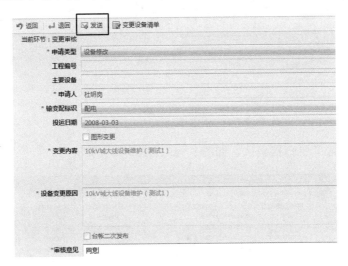

图 8-26　任务审核页面

第四步，维护设备台账。修改需要维护的台账信息，如图 8-27 所示。

图 8-27　正式台账维护页面

第五步，台账变更审核，如图 8-28 所示。

图 8-28　任务流程审核跳转前页面

第六步，台账变更归档确认，如图 8-29、图 8-30 所示。

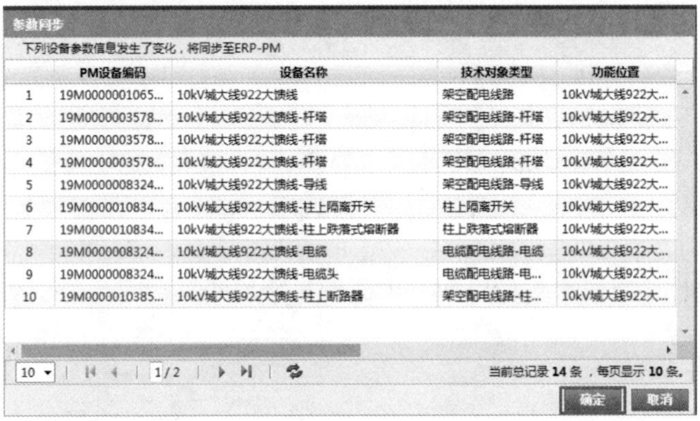

图 8-29　系统参数同步页面

图 8-30　系统参数同步完成页面

　　按照原有人工台账维护方式，操作审核流程烦琐，考虑到电脑、系统卡顿等问题，运维人员预计完成一项台账维护需要 15~18 分钟。

8.3.3　场景自动化流程

8.3.3.1　流程规划
　　针对批量设备台账录入场景，该流程涉及设备（资产）运维精益管理系统，需要使用者提供需要维护的设备台账。可以通过 RPA 服务平台模拟人工登录设备（资产）运维精益管理系统 Web 端进行流程的启动、审核、维护、结束环节。

根据流程特征，我们将其拆分为读取 Excel、登录系统、批量台账维护三步。

第一步，读取 Excel。读取使用者提供的需要维护台账信息。

第三步，登录系统。通过使用者提供的账号密码，使用 RPA 服务平台登录设备（资产）运维精益管理系统。

第三步，批量台账维护。通过 RPA 服务平台逐条进行台账的变更申请、审核、维护、归档等步骤，代替人工维护的烦琐流程。

8.3.3.2　场景开发

第一步，读取 Excel。读取使用者提供的需要维护台账信息。使用功能组件模块中 Excel 等组件，如图 8−31 所示。

图 8−31　RPA 编辑器读取 Excel 部分

第二步，登录系统。使用 Web 自动化模块中打开浏览器、输入内容、点击元素等组件，自动打开网页并输入用户账号和密码，登录设备（资产）运维精益管理系统，如图 8−32 所示。

图 8−32　RPA 编辑器登录系统部分

187

第三步，批量台账维护。通过 JS 程序包对网页 Html 中维护字段资产单位、资产编号、地区特征等信息输入表格数据，对设备台账进行维护修改，如图 8－33 所示。

图 8－33　RPA 编辑器批量台账维护部分

8.3.3.3　表单设计

上传对应的流程文件，点击保存或提交按钮，如图 8－34 所示。

图 8－34　表单设计

8.3.3.4　场景使用

1. 登录智能助手应用平台网站，登录后页面如图 8－35 所示。

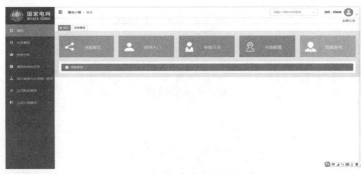

图 8－35　智能助手应用平台首页

2. 找到场景任务位置。

依次点击左侧菜单栏的四川省电力公司统一应用、运检业务应用、批量台账维护填入，如图 8-36 所示。

图 8-36　批量台账维护填入

3. 下载模板表。

单击模板文件下载进行下载，如图 8-37 所示。

图 8-37　下载模板文件

下载的模板文件如图 8-38 所示。

使用者只能修改白色区域的内容，若蓝色区域需要新增字段，请联系启明星驻场人员进行添加。
型号请填写型号全称，例如：LGJ-50。生产厂家请填写厂家中文全称，例如：3M中国有限公司
投运日期请按格式YYYY-MM-DD填0写，例如：2020-01-14.

	资产性质						
电缆	用户						
电缆段	资产编号	资产单位	敷设方式	是否代维	地区特征	是否农网	专业分类
	用户		电缆沟	否	市区	否	配电
电缆终端	资产性质	安装位置	重要程度	专业分类	终端类型	型号	生产厂家
	用户	户外	一般	配电	预制	LGJ-50	3M中国有限公司
负荷开关	资产性质	资产单位	设备增加方式	组合设备类型	是否代维	地区特征	设备状态
	用户	用户	设备增加-基本建设	无		市区	在运
隔离开关	资产性质	资产单位	设备增加方式	电压等级	设备状态	组合设备类型	地区特征
	用户	用户	设备增加-基本建设	交流10kV	在运		市区
间隔	调度单位			同隔离单元类型	专业分类		投运日期
	华中调控分中心	四川省电力公司调控中心	成都市调度控制中心	在运	配电		2020-01-14
柱上隔离开关	资产性质	资产单位	是否农网	电压等级	设备状态	是否代维	开关作用
	用户		否	交流10kV	在运	否	分段
母线	母线载流量	母线材质	设备增加方式	资产性质	资产单位	设备状态	是否农网
	630	铜	设备增加-基本建设	用户	用户	在运	否
柱上断路器	资产性质	资产单位	是否农网	电压等级	设备状态	是否代维	开关作用
	用户		否	交流10kV	在运	否	分段
导线	资产性质	资产编码	长度	设备状态	是否代维	是否农网	导线类型
	用户	无	参考长度	在运	否	否	绝缘导线
杆塔	资产性质	资产单位	是否农网	是否代维	设备状态	挡距	不计入长度统计
	用户		否	否	在运	50	0
断路器	资产性质	资产单位	设备状态	设备增加方式	是否农网	地区特征	开关作用
	用户	用户	在运	设备增加-基本建设	否	市区	出线
站外一大馈线线	架空线路长度（km）	电缆线路长度（km）	线路总长度（km）				
	0.1	0.1	0.1				

图 8-38　模板文件示例

4. 新建任务。

选择任务管理下的蓝色"+"按钮新建任务，如图 8-39 所示。

图 8-39　新建任务

填写任务执行参数，具体填写信息内容说明如下：

PMS 账号：输入 PMS 系统的账号。

PMS 密码：输入 PMS 系统的密码。

执行台账名称：输入此次执行的台账名称。

文件：上传填写好的模板文件，如图 8-40 所示。

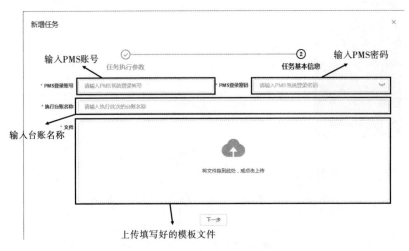

图 8-40　填写任务执行参数

填写任务基本信息，选择任务类型、开始执行时间，开启录像功能后，可保存操作过程视频，如图 8-41 所示。

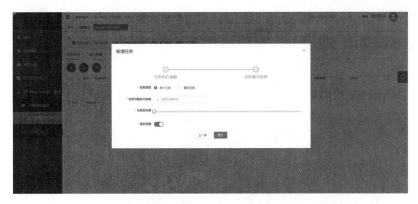

图 8-41 开启录像功能

5. 查看任务执行情况。

打开场景任务列表，查看任务运行历史，如图 8-42 所示。

图 8-42 查看任务运行历史

点击任务名称，查看单个任务的运行详情。在任务详情窗口，有三个可选项。

任务执行情况：查看任务执行流程图、异常提示，如图 8-43 所示。

图 8-43 查看任务执行情况

视频回放：回放任务操作过程的视频，如图8-44所示。

图 8-44　视频回放

结果文件下载：单击即可下载任务结果表，如图8-45所示。

图 8-45　结果文件下载

8.3.4　场景价值

通过RPA流程自动化进行，每条台账维护时长约为2分钟，且RPA自动化能实现批量录入，效率更高，能达到2分钟批量高效录入60条数据，如图8-46所示。

图 8-46 执行效率图

流程自动化在服务器上进行，不耽误工作人员的本机操作，对工作时间也没有任何要求限制，最大限度地将烦琐、重复、大批量的工作交给流程自动化。通过流程自动化应用，每个基层县单位每月可以节约 3～5 人/天的设备台账维护工作量，有效减轻基层班组人员工作负担，提高工作效率。

8.4 带电作业统计

8.4.1 业务背景

近年来，在国网自贡公司的线路运维作业中，特别是在配电线路运维作业中，提高带电作业的占比，可以有效避免检修性质停电，降低停电时数以及停电用户数量，有效控制停电时长、户数、用户投诉等关键指标。

因此及时掌握带电作业的信息有助于提升国网自贡公司整体的业务质量。及时准确地掌握各基层单位的带电作业情况，有利于公司在之后的工作决策中合理安排工作计划，进一步降低用户停电时户数，提前发布好各种信息，做好客户服务工作，提升客户的满意度。

由于带电作业信息较多，统计工作较为繁杂，重复操作较多，人工录入工作较为烦琐。为了解决统计带电作业信息效率低的问题，公司开发了统计带电作业信息的场景应用，提升工作效率。

带电作业分为计划类与非计划类两种，大部分的带电作业都是计划类作业，在配网调度的调控云系统中有对应的带电作业检修单。这一类的带电作业数量占比巨大，统计此类带电作业信息耗费时间成本较大，引入本场景应用后可以大大提升计划类带电作业信息的统计效率，带动整体统计工作效率的提升，进一步解放基层单位的人力。

　　计划类带电作业工作，如图 8-47 所示，有相应的带电作业检修单，具有唯一的编号，进入调控云系统后通过相应的审批流程后，根据作业对象分为主网或者配网，并进入相应的待执行分类模块。当班组按照带电作业检修单执行后，由当值调度值班员确认完成无误进行终结并归档后，完成带电作业。对应的带电作业检修单进入归档分类。已归档的带电作业检修单如图 8-48 所示。

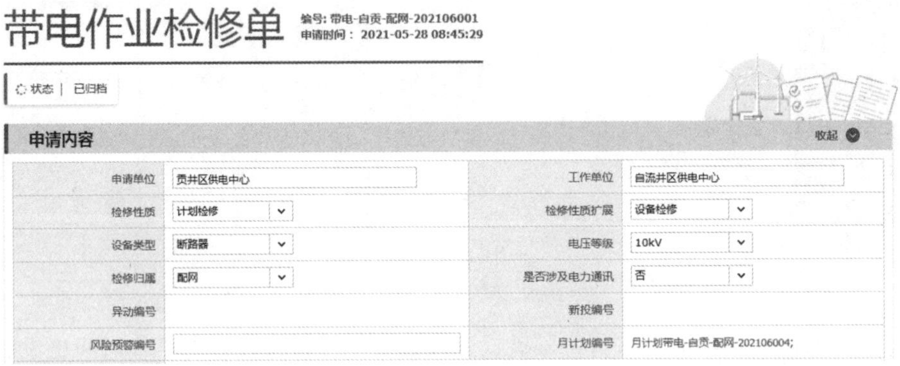

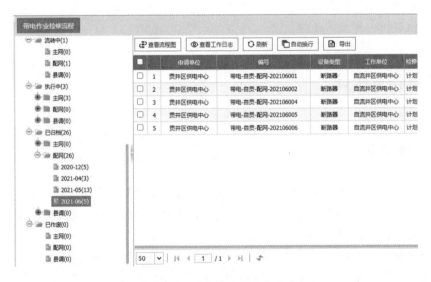

图 8-47　计划带电作业书

图 8-48　已归档的带电作业检修单

　　以统计国网自贡公司配网的带电作业信息为例，统计信息时需要工作人员手动点开需要统计的月份，点击同时显示条数的菜单，在弹出的菜单中选择同时显示的检修单条数，在信息栏顶部菜单中，勾选所有的检修单；最后点击导出按钮，将所有信息导出到Excel 表中。

　　非计划类的带电作业，没有相应的带电作业检修单，一般是临时性工作或者突发故障处理工作。相关信息由工作人员填入表 8-1 中单独的 Excel 表，表 8-1 中各统计项目和调控云系统中导出的计划类带电作业信息表保持一致，在统计信息时与计划类作业信息合并。在日常工作中，报表制作人员平均需要耗费 2 小时进行相关的数据合并、核对与分析工作，并制作成报表。

表 8-1　非计划带电作业信息 Excel 表

	A	B	C	D	E	F	G	H	I	J	K
1	申请单位	编号	设备类型	工作单位	检修性质	检修设备	申请工作开始时间	申请工作结束时间	批准工作开始时间	批准工作结束时间	执行工作开始时间
2											
3											
4											
5											
6											

8.4.2　原业务流程及人工时效

在国网自贡公司配网调度云系统中统计计划类带电作业，共涉及登录、进入带电作业模块、查找统计时间段带电作业检修单、导出带有带电作业检修单信息的 Excel 表四个步骤，整个流程需要在三个界面进行不同类型的操作，具体操作及统计业务流程如下。

1. 进入调控云系统，输入具有查询及导出数据权限的账号密码，如图 8-49 所示。

图 8-49　调控云登录界面

2. 在调控云系统主界面中（图 8-50），选择带电作业模块。

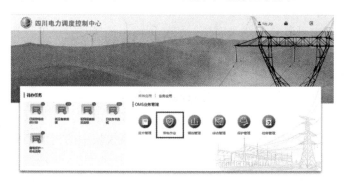

图 8-50　调控云系统主界面

3. 在带电作业模块的页面中，依次进入"相关查询""已归档""配网""2021-

06"，进入查询页面，可以查询出 2021 年 6 月已完成带电作业的检修单信息，如图 8－51 所示。

图 8-51　带电作业信息查询及导出

4. 在带电作业查询页面底部菜单选择页面同时显示带电作业信息的条数，一般根据该月带电作业数量决定，根据使用经验来看，月度带电作业统计一般选择同时显示 50 条。选择完成后在页面顶部菜单栏中点击选择全部勾选框，选中所有已归档的带电作业信息，再点击顶部菜单栏中导出菜单，导出已勾选的带电作业信息的 Excel 表格。

8.4.3　场景自动化流程

8.4.3.1　需求分析

根据目前的需求可以分为登录系统、切换页面、选择对应菜单分类、选择需要导出的信息流并导出四个步骤。

第一步，登录系统。设定一个具有查看本地区计划类带电作业信息且具有导出相关信息权限的账号及登录密码，并自动登录调控云系统。

第二步，切换页面。自动切换至带电作业信息模块中。

第三步，选择对应菜单分类。在带电作业信息系模块中的树形菜单中，准确选择需要导出的信息的所在的菜单。

第四步，选择需要的信息流并导出。设定显示所有的带电作业检修计划书，并选择全部的计划书导出为 Excel 文件，供查看。

8.4.3.2　场景开发

　　带电作业统计场景使用 RPA 服务平台应用编辑器及谷歌浏览器开发，使用谷歌浏览器默认设置，打开小喔编辑器建立新的工程文件，新的工程文件界面如图 8-52 所示。

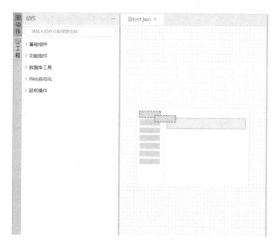

图 8-52　RPA 编辑器页面

　　第一步，使用具有权限的账号登录调控云系统。在应用开发中，使用的选择器必须具有唯一性，方便应用识别，图 8-53、图 8-54 及图 8-55 列出了登录界面中用户名对话框、密码对话框以及登录按钮的选择器，使用 Web 自动化模块中的打开浏览器组件，在内容框中拖入 2 个输入内容组件以登录页面中的账号对话框、密码对话框的元素属性为对应的选择器，通过应用自动输入账号及密码，再点击登录按钮登录系统，实现无人干预的自动登录。打开登录界面及登录系统代码编写如图 8-56。

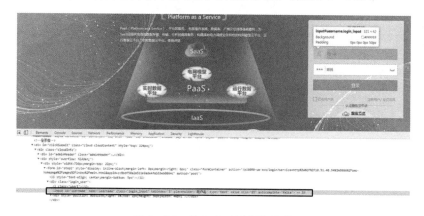

图 8-53　用户名对话框选择器

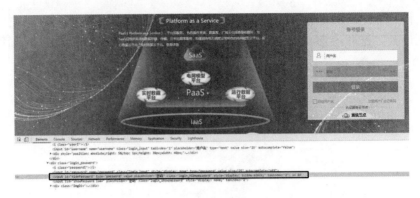

图 8-54　密码对话框选择器

图 8-55 登录按钮选择器

填入账号

填入密码

图 8-56　打开页面及登录系统代码

　　第二步，切换页面。在登录成功的系统中会有如图 8-57 所示菜单，选择带电作业模块信息，会弹出对应的页面。因此，需要在程序编写时使用 Web 自动化模块中的打开新标签页组件进行页面切换。

图 8-57 登录成功后的页面

使用 Web 自动化组件当中的点击元素组件两次点击带电作业图标，进入调控云系统当中的带电作业信息模块（带电作业模块选择器如图 8-58 所示）。同时将当前页面切换至带电作业信息页面。在切换到带电作业信息模块页面后，由于网页中含有多个 Iframe 层，需要用 Iframe 切换组件切换 Iframe 层做后续操作，通过查看网页代码，找到应用需要互动的网页元素的选择器所在的 Iframe 层。如果切换 Iframe 层不正确，后续操作将无法正常执行。页面切换代码如图 8-59 所示。

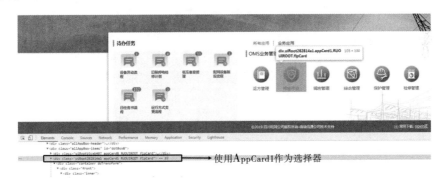

图 8-58 带电作业模块选择器

图 8-59 页面切换代码

第三步，选择对应菜单分类。本例中是以配网带电作业信息为统计对象，因此在带电作业信息页面内，在图 8-60 的树形菜单中进入"相关查询""已归档""配网""2021-06"查找对应的带电作业检修单。由于页面默认"相关查询"以及"归档"为展开状态，因此，只需在编制的代码中依次点击"配网"以及"2021-06"两个菜单，它们的选择器如图 8-61 所示，代码编写如图 8-62 所示。

图 8-60　树形菜单

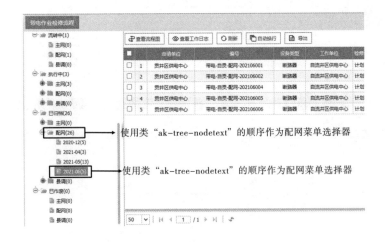

图 8-61　菜单选择器

图 8-62　菜单选择代码

　　第四步，选择需要的信息流并导出。通过页面的菜单，选择最大显示条数（选择器如图 8-63 所示），代码编写如图 8-64 所示，保证完全显示所有带电作业检修单，方便导出。

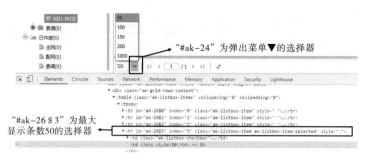

图 8-63　最大条数选择器

图 8-64　最大条数选择代码

选择同时显示所有检修单之后，点击顶部菜单栏中选择全部勾选框，勾选框的选择器如图 8-65 所示），再点击导出按钮（选择器如图 8-66 所示），就可以导出该月份已完成的带电作业信息 Excel 表格，代码编写如图 8-67 所示。

图 8-65　选择全部勾选框选择器

图 8-66　导出按钮选择器

图 8-67　选择全部带电作业检修单及导出

　　导出部分的代码执行完成，我们就可以得到一个存有 6 月份已执行完毕的所有带电作业检修单信息的 Excel 表，至此，整个获取计划类带电作业的信息流程执行完毕。

8.4.3.3　表单设计

　　上传对应的流程文件，点击保存或提交按钮，如图 8-68 所示。

图 8-68　表单设计

8.4.3.4　场景使用

1. 登录 RPA 服务平台，找到对应的场景，在场景任务页面，选择任务管理下的蓝色符号"＋"新建执行任务。在弹出的窗口中根据任务执行参数填写调控云账号（按提示格式填写调控云账号和密码），选择需要查询的日期，设置好所有参数后点击下一步。在弹出的窗口中，根据需求设置任务类型、执行时间、是否保存录像，设置好点击提交后，场景开始运行，如图 8-69 所示。

图 8-69　填写任务执行参数

2. 场景执行过程中可点击运行历史，找到正在执行的场景，点击任务执行情况可以在任务详情中查看该流程的运行情况。等待流程执行结束后，可以在任务详情中点击视频回放查看任务运行过程，如果该任务存在结果文件，则可以在结果文件下载中进行下载，如图 8-70 所示。

图 8-70　查看任务执行情况

8.4.4　场景价值

由于 RPA 服务平台在我们设定的应用执行时间内，可以自动获取一个月或几个月内已执行完毕并归档的带电作业信息，并通过上传非计划类带电作业信息的表格，通过场景应用对带电作业信息进行合并或者比较等操作，进一步挖掘分析获取的信息。

由人工执行而显得繁复的操作完全可以设定在半夜等空闲时间执行，在上班时间获得完成的统计信息，完全可以做到不占用工作人员的正常工作时间，解放了人力；同时通过 RPA 服务平台应用获取信息，还可控制数据权限的发放，有利于控制系统及数据的安全性。

在本场景中仅需要两步就可以执行：第一步，登录 RPA 服务平台，进入带电作业信息统计场景，填入拥有查询权限的账号及对应的密码；第二步，设定 RPA 服务平台场景应用的执行时间或者立即执行，执行结束后即可查看结果文件。

在本例中的带电作业统计平均执行时间由 2 小时降低至 2 分钟，时间节约 98%。类似带电作业信息统计的统计类场景是一线生产中常见的作业场景，复杂度不高，但是重复程度较高，耗费人工成本较大，还导致数据容易受到人为因素干扰。

在统计类工作中，开发并推广相关的 RPA 服务平台应用可以节约资源，提升公司的整体工作效率，取得较好的经济效益。

8.5 停电检修计划录入

8.5.1 业务背景

设备停电检修是保障设备正常、稳定运行的必要措施。及时掌握停电计划信息，对于现场工作安全风险管控、危险点分析以及检修人员分配等非常重要。

目前国网自贡公司基于调控云检修智能决策系统的应用，变电检修室每个月会提前向变电运维室提交下个月的停电检修计划，变电运维室再将停电检修计划录入到供电服务指挥系统中。停电检修计划需要录入的信息较多，人工录入步骤繁琐，重复操作较多。

8.5.2 原业务流程及人工时效

停电检修计划的录入工作总体上分为三个步骤：登录调控云系统、进入月检修计划管理、录入停电计划发送审核。整个过程需要在三个界面进行不同类型的操作，其中主要的工作在录入环节。具体业务流程及操作步骤如下。

1. 登录调控云系统。进入调控云系统，输入用户名、密码并登录。如图 8-71 所示。

图 8-71 调控云系统登录页面

2. 进入月检修计划管理。

（1）登录后点击当前页面的检修管理图标，如图 8-72 所示。

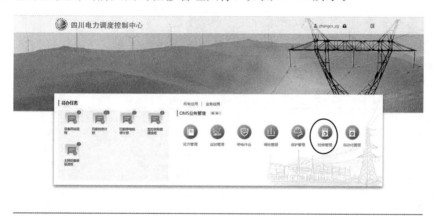

图 8-72 检修管理

（2）点击检修管理图标后，会出现一个名为"基于调控云的检修智能决策系统"新的标签页，如图 8-73 所示。

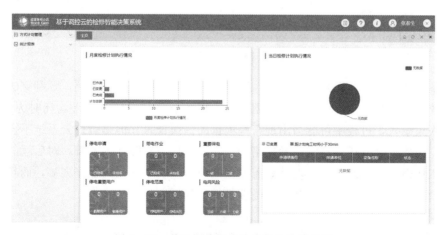

图 8-73 基于调控云的检修智能决策系统

（3）在当前页面依次点击方式计划管理、检修计划管理、月检修计划，如图 8-74 所示。

图 8-74　月检修计划页面

3. 录入停电计划发送审核。在月检修计划页面点击新建，会出现计划录入的标签页，如图 8-75 所示。

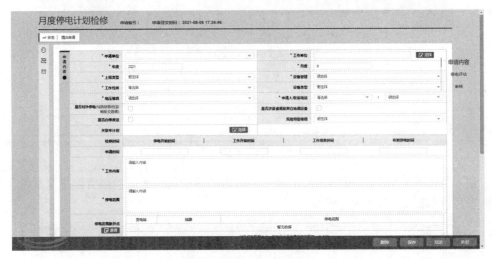

图 8-75　计划录入页面

经基层班组该作业场景实地统计，以录入 3 条模拟停电计划为例，顺利完成登录调控云系统、进入月检修计划、录入计划发送审核等全部 3 个环节的平均耗时为 6 分钟。由于是人工录入，过程中可能会出现某些项目的错误录入，但是调控云系统不会分辨错误信息，因此不会有任何提示，导致错误录入的计划与实际计划不符，对后续的各项统计分析工作造成误差。录入停电计划需要在调控云系统中重复的操作太多，而且只能人工执行录入操作，工作效率及数据准确性都得不到保证。

8.5.3　场景自动化流程

8.5.3.1　需求分析

根据停电检修计划录入需求，该场景应用使用谷歌浏览器登录调控云系统。通过小喔 RPA 服务平台及谷歌浏览器来实现该项目的自动化工作流程。

根据工作需求，项目分为三个步骤：登录系统、切换页面、录入停电计划发送审核。

第一步，登录系统。提供输入界面需要的账号和密码，并自动登录调控云系统。

第二步，切换页面。页面切换到月度停电计划检修管理页。

第三步，录入停电计划发送审核。场景应用会自动将停电计划 Excel 表格中的相关信息按照正确的格式填写到对应的栏目中，并自动完成发送审核。

8.5.3.2　场景开发

第一步，登录系统。使用 RPA 服务平台编辑器 Web 自动化模块中打开浏览器、输入内容、点击元素等组件，自动打开网页并输入具有对应权限的用户账号名及密码，登录调控云系统，如图 8-76、图 8-77、图 8-78、图 8-79 所示。

图 8-76　用户名元素选择器

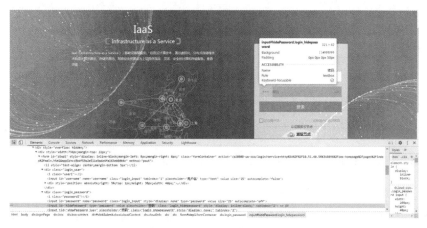

图 8-77　密码元素选择器

207

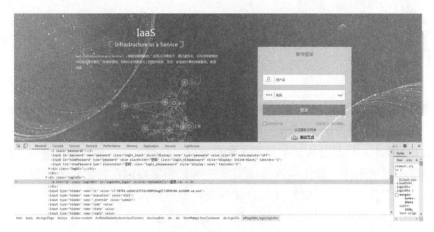

图 8-78 登录元素选择器

图 8-79 登录调控云系统

第二步，页面切换。通过 Web 自动化组件，场景应用会将调控云应用切换到计划管理页面。登录系统后，点击检修管理图标，这里需要注意的是先要将鼠标移动到检修管理图表上，网页会切换出另一个可供点击的图标，如图 8-80 所示。

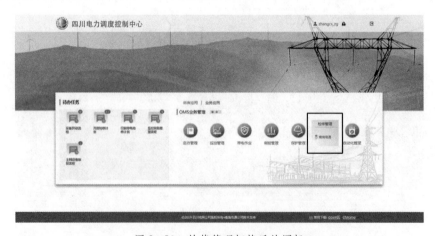

图 8-80 检修管理切换后的图标

实际网络响应会有所差异，所以在场景应用中增加时间等待功能，等待调控云系统响应，避免场景应用执行出错，代码实现如图 8-81 所示。

图 8-81　切换点击

当进入检修管理模块后，会出现的新的页面，在 RPA 服务平台应用编辑器中使用新标签页打开组件将新标签页设置为当前操作页面，如图 8-82、图 8-83 所示。

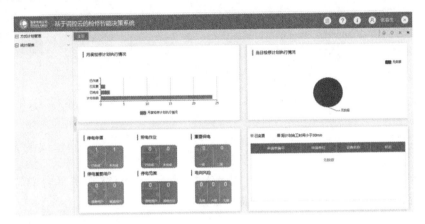

图 8-82　新的标签页

图 8-83　切换到检修管理模块

然后按照方式计划管理、检修计划管理、月检修计划的步骤依次点击进入到月计划管理中，如图 8-84 所示。

图 8-84　进入月计划管理

第三步，录入计划并发送。在录入计划前需要点击页面的新建标签，但是该标签是包含在一个 IFrame 层中，所以需要进行相应的 IFrame 层切换，如图 8−85、图 8−86 所示。

图 8−85　新建计划

图 8−86　新建标签

当点击新建标签后，会出现检修计划录入的页面。在 RPA 服务平台中需要将操作页面进行相应的切换，如图 8−87、图 8−88 所示。

图 8−87　切换操作页面

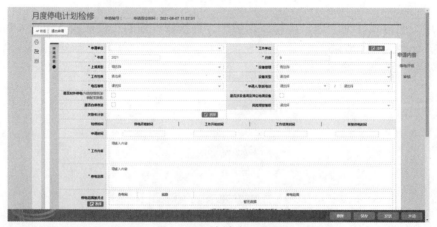

图 8−88　计划录入页面

根据录入页面的分布，将录入计划分为三个部分：申请内容、停电评估、发送（如图 8−89 所示）。

图 8-89　计划录入步骤

在计划录入，我们需要将变电检修室提供的停电计划表导入到平台中，然后将表格中各项内容依次填入指定的栏目中，如图 8-90、图 8-91、图 8-92 所示。

图 8-90　导入停电计划表　　　图 8-91　申请内容中各项内容　　　图 8-92　后续内容

8.5.3.3　表单设计

上传对应的流程文件，点击保存或提交按钮，如图 8-93 所示。

图 8-93　表单设计

8.5.3.4 场景使用

1. 登录 RPA 服务平台，找到对应的场景，在场景任务页面，选择任务管理下的蓝色符号"+"新建执行任务。在弹出的窗口中根据任务执行参数填写调控云账号（按提示格式填写调控云账号和密码），上传停电计划表，设置好所有参数后点击下一步。在弹出的窗口中，根据需求设置任务类型、执行时间、是否保存录像，设置好点击提交后，场景开始运行，如图 8-94 所示。

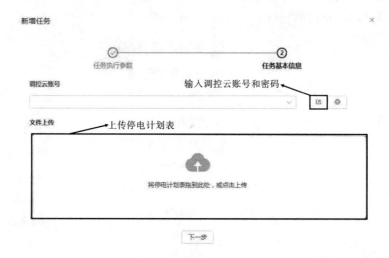

图 8-94 开启录像功能

2. 场景执行过程中可点击运行历史，找到正在执行的场景，点击任务执行情况可以在任务详情中查看该流程的运行情况。等待流程执行结束后，可以在任务详情中点击视频回放查看任务运行过程，如果该任务存在结果文件，则可以在结果文件下载中进行下载，如图 8-95 所示。

图 8-95 查看任务执行情况

8.5.4　场景价值

RPA 服务平台场景应用进行停电计划的录入，只需要两步操作：第一步，登录小喔 RPA 服务平台，选择停电计划录入场景，创建流程自动化场景；第二步，输入调控云账号密码，上传停电计划表，小喔 RPA 服务平台就可以自动执行任务，将所有的停电计划录入到系统当中。

以录入 3 条模拟停电计划为例，停电计划录入平均执行时间耗时由 6 分钟降低至 15 秒，时间节约 95.8%。

人工录入需要反复的点击、选择内容、复制表格里面的内容并粘贴到系统录入页面，重复性操作过多，浪费大量时间成本及人力成本，而且人工作业容易出错。使用 RPA 服务平台场景应用自动录入，不仅节约人力、物力，还能保证数据录入的准确性。数据录入量越大，RPA 服务平台应用的效率会越高。

根据人工操作时效和自动化操作时效的对比分析，单条计划的录入操作可节约耗时为 1.9 分钟，按照四川公司每个月录入 1 000 条停电计划计算，RPA 服务平台场景应用后节约 1 900 分钟，提高作业效率的同时，能够保证录入计划的各项信息的正确率，有效提升基层单位办公效率。

第 9 章　信息专业经典案例详解

本章主要讲述 RPA 在信息专业开发应用的典型场景案例，包括地市网络状态监测、地市 360 信息终端安全平台监测、邮箱数据表汇总共 3 个应用场景；同时具体分析了原业务背景和业务流程等内容，并结合业务内容介绍了应用场景开发的核心环节，便于读者通过典型场景的开发实现过程，进一步掌握 RPA 开发技能。

9.1　地市网络状态监测

9.1.1　业务背景

随着电力企业数字化建设的不断加强，营销业务应用系统、企业门户、协同办公、设备（资产）运维管理系统、人资管理信息系统等企业应用系统在电力企业生产经营中得到广泛应用，并且为了满足电力企业发展需要，新的应用系统仍在不断地开发、完善。由于这些应用系统数量较多，涉及不同专业、不同部门，且依赖网络进行 Web 访问，其运行情况缺乏集中监控手段，主要依靠应用系统使用者的反馈发现问题，人工验证故障，造成故障处理效率低、业务支撑保障力度不够等问题。

国网四川公司利用 RPA 服务平台，模拟应用系统使用者在 Web 端登录各应用系统，检查其运行状态，使场景使用者能主动发现并快速验证故障，缓解了监控压力，提高故障处理效率，有效提升业务支撑保障能力。

9.1.2　原业务流程及人工时效

地市网络状态监测的流程共涉及三个环节：判断应用系统地址响应是否正常、判断应用系统登录是否正常、记录异常信息并告警。为实现应用系统状态监测，每隔一段固定的时间就需要信息专业运维人员对不同的应用系统进行重复登录操作以验证其运行状态，耗费大量人力且效率低下。原业务流程如图 9-1 所示。

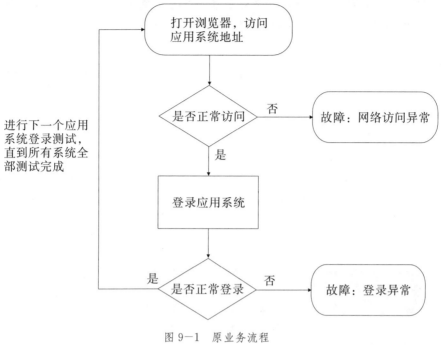

图 9-1　原业务流程

根据多次测试得到营销业务应用系统、企业门户、协同办公、人资管理信息系统、设备（资产）运维精益管理系统等应用系统登录访问时间，平均 1 人完成 1 个应用系统的登录访问测试需 30 秒。以每间隔 30 分钟对 20 个应用系统进行一次测试以达到监测目的计算，1 个人完成一次测试的时间大约需要 10 分钟，以 1 天发起 48 次测试计算，共需要 8 小时。

9.1.3　场景自动化流程

9.1.3.1　流程规划

1. 按预先制定的应用系统访问地址、用户名、密码标准库模板，利用 RPA 技术替代人工自动登录邮件系统、营销业务应用系统、企业门户、协同办公、人资管理信息系统、设备（资产）运维精益管理系统等应用系统，自动判断各应用系统地址响应是否正常、系统登录是否正常，并将异常信息记录到 Excel 表格中。

2. 按设定的时间间隔循环登录标准库模板中录入的各应用系统，验证各应用系统地址响应是否正常、系统登录是否正常，并将异常信息记录到 Excel 表格中，反馈给场景使用者。

9.1.3.2　场景开发

本场景理论上可以对所有需要监测的应用系统进行监测，下面以邮件系统和企业门户为例进行详细介绍。本场景主要采用 Java 执行器执行代码的形式来实现，用来展示 Java 执行器的高级应用实践。Java 执行器可以简单地用几句代码实现用图形化界面复杂的逻辑关系才能实现的场景，下面我们用一个 Java 执行器加代码的形式来实现本场景。

1. 创建一个配置文件，在配置文件中录入业务系统访问地址、用户名、密码等信息，这部分可以根据需求增加或修改，如图 9—2 所示。

网站名	网址	用户名	密码	用户名xpath	密xpath	登陆按钮xpath	标志位xpath
门户	:8080/nidp/idff/sso?id=7&si	yanwk1773	s1ddzx@11	input[@name=' Ecom_User_ID']	input[@name=' Ecom_Password]	input[@name=' Submit]	//a[@id=' hlepbackg']
邮箱	mail.sgcc.com.cn/webmail/log	7401@sc.sgccengyanxi@		//input[@id=' usernumber']	//input[@id=' password']	//a[@id=' login_otp']	//span[@id=' span_1']

图 9—2　配置文件模板

这里以邮件系统为例说明 Xpath 的查看方法：在谷歌浏览器中打开邮件系统，按F12，选中选择器，点击需要定位的输入框，定位到对应的 Xpath，如图 9—3 所示。

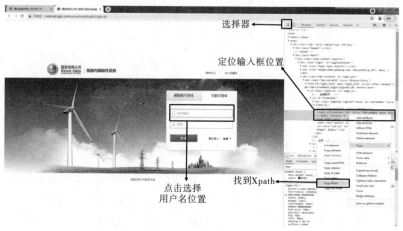

图 9—3　查看 Xpath

2. 将 Java 执行器拖至 RPA 工程页面，如图 9—4 所示。

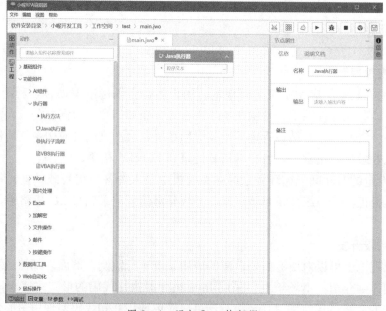

图 9—4　添加 Java 执行器

3. 将代码复制到 Java 执行器，如图 9-5 所示。

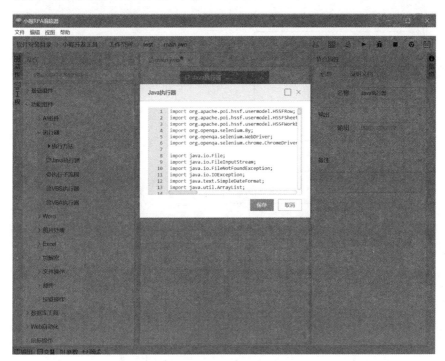

图 9-5　复制代码

4. 将以下代码中的配置文件地址、结果文件存放位置以及巡视间隔时间部分根据需求进行修改，其中巡视间隔时间是指每次巡视完毕到下一次巡视之间的间隔时间，单位是毫秒。

可以看到，代码开头是头文件引用部分，告诉程序引用了哪些组件；接下来是设置配置文件的读取路径和结果文件的存放位置；然后声明变量；紧接着是主函数部分，这里是程序的入口，其中主要调用了 Init 函数、Enter 函数、ReadConfig 函数、WriteResulst 函数。Init 函数是小喔机器人的初始化函数，功能是定义 Chromedriver.exe 文件位置，启动浏览器，最大化浏览器窗口。Enter 函数是实现场景功能的函数，包括登录、读取登录状态、打开存放 Excel 文件的文件夹等功能。ReadConfig 函数是实现读取配置文件信息的功能。WriteResulst 函数将巡视结果写入 Excel 文件，如图 9-6、图 9-7、图 9-8、图 9-9 所示。

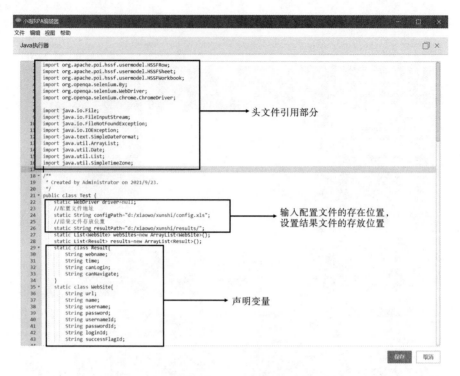

图 9-6　地市网络状态检测程序代码第一部分

图 9-7　地市网络状态检测程序代码第二部分

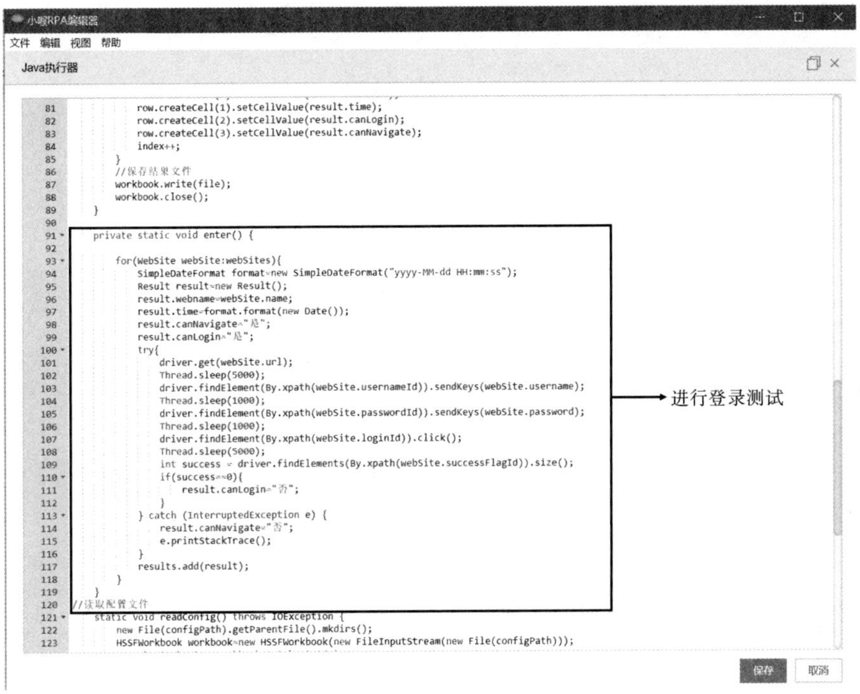

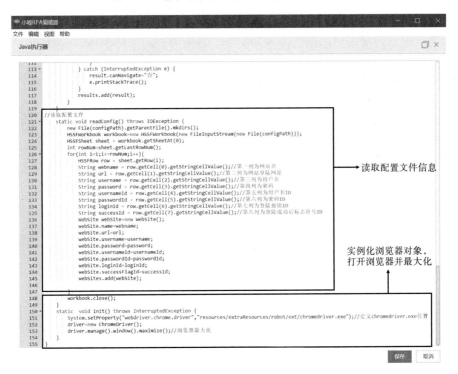

图 9-8　地市网络状态检测程序代码第三部分

图 9-9　地市网络状态检测程序代码第四部分

9.1.3.3　表单设计

上传对应的流程文件，点击保存或提交按钮，如图 9-10、表 9-1 所示。

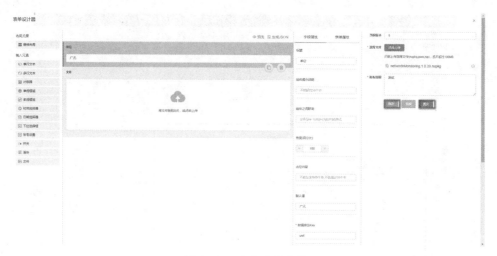

图 9—10　上传流程文件

表 9—1　表单说明

名称	说明
单位	输入需要的地方单位
文件	选择需要上传的文件

通过 Web 端登录 RPA 服务平台，单击需要执行的场景，在弹出的窗口中点击 "+" 符号，在弹出的窗口中输入或选择账号，点击或拖拽上传文件，如图 9—11 所示。

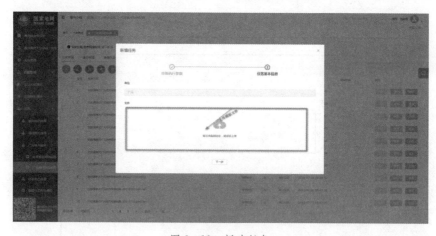

图 9—11　新建任务

填写任务基本信息。选择任务类型、开始执行时间，开启录像功能后，可保存操作过程视频，如图 9—12 所示。

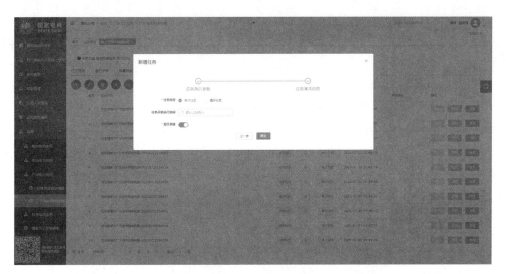

图 9-12　填写任务信息

　　场景执行过程中可通过点击运行历史，点击正在执行的场景，点击任务执行情况可以查看常见流程的运行情况。待场景运行结束后，可以点击视频回放查看场景实现过程；如果该场景存在结果文件，则可通过点击结果文件下载进行下载，如图 9-13 所示。

图 9-13　任务详情

9.1.4　场景价值

　　RPA 服务平台在本场景中完全模仿人工进行地市网络状态监测，应用本场景仅需要两步操作：第一步，首先登录 RPA 服务平台，选择地市网络状态监测场景，创建流程自动化场景，可选择定时执行或立即执行任务；第二步，等待任务执行结束后，查看任务执行结果情况，下载结果文件或通过短信平台接收异常告警信息。

在场景信息和测试间隔（如间隔 30 分钟测试一次）不变的情况下只需要设置一次（设置时间约为 5 分钟），即可按设置的时间间隔进行无限次的测试，从而实现对网络状态的监测。

以国网四川公司为例，其所辖的每个地市公司按每隔 30 分钟对部署在省级及以上的 20 个应用系统发起一次测试计算，每个地市公司全年需进行 17 520 次测试，每次 10 分钟。全川 23 个地市公司，每年可替代人工量 67 160 小时，并且随着监测对象的数量日益增多，人工成本节省比例将不断增加。同时，采用本场景可以灵活调整测试时间间隔，自动进行异常告警，实现了对企业应用系统 24 小时监测，强化了业务支撑保障能力，极大提高工作质效。

9.2 地市 360 信息终端安全平台监测 RPA 场景

9.2.1 业务背景

近年来电力企业信息终端数量快速增长，为企业生产经营提供了有力的保障支撑，为了保障信息终端安全，需要信息运维人员对数量庞大的信息终端进行监测。以国网四川公司为例，由于对信息终端运行情况缺乏自动化监控手段，所辖各地市公司信息运维人员只能依靠人工手动定期监测终端状态，下线不合格终端，数据处理量大，故障处理效率较低，业务支撑保障力度不够。

国网四川公司利用 RPA 服务平台开发部署了地市 360 信息终端安全平台监测 RPA 场景，在各地市公司模拟人工登录 360 终端安全平台，监测平台运行情况和终端安全情况。

同时，通过读取终端列表来筛选出不合格的信息终端，通过联动 Inode 软件下线不合格终端，从而保障信息系统安全稳定运行。

不合格终端主要是杀毒软件版本、病毒库版本和操作系统版本过于老旧，且无法自动升级的终端。这些终端需要暂时下线断网，交由人工处理，经检验合格后方可再次入网。

通过实现信息终端的集中监测处理，减轻了信息运维人员工作负担，提高信息终端安全水平，有效提升业务支撑保障能力。

上述所说的不合格终端是指以下几种类型的终端：未安装 360 安全客户端的终端，360 安全客户端版本低于最新版本 2 个版本以上的终端，360 病毒库低于最新版本 2 个版本以上的终端，操作系统版本不正确的终端。

9.2.2 原业务流程及人工时效

地市 360 信息终端安全平台监测的流程共涉及三个环节：判断地市 360 信息终端安

全平台服务器是否正常运行；判断信息终端操作系统、杀毒软件、病毒库版本是否符合
要求；记录异常信息，暂时下线异常终端。为及时掌握信息终端状态，每隔一段固定的
时间就需要人工重复登录 360 信息终端安全平台，验证服务器状态是否正常，信息终端
操作系统、杀毒软件、病毒库版本号是否符合要求。下面以国网天府供电公司为例，演
示具体操作步骤如图 9-14 所示。

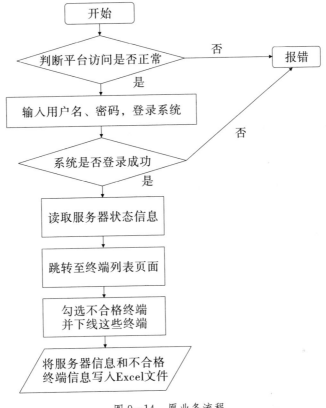

图 9-14　原业务流程

1. 打开浏览器，访问 360 信息终端安全平台，判断平台访问是否正常，如果不正
常，则判定网络异常。

2. 输入用户名、密码，登录系统，判断登录是否正常，若无法访问则判断网络异
常，或账户密码错误。

3. 读取服务器状态信息，将数据写入结果文件。

4. 跳转至终端列表页面。

5. 勾选不合格终端，点击删除终端（实际是暂时下线终端）。

6. 将服务器信息和异常终端信息写入 Excel 文件。

根据多次测试得到 360 信息终端平台单次维护时间，平均 1 人登录系统，查看服务
器信息并写入 Excel 文件需要 1 分钟，跳转至终端列表页面需要 10 秒，判断并勾选一
个不合格终端需要 5 秒，平均每次巡视不合格终端有 15 个，下线终端需要 5 秒，将一
个不合格终端信息复制入 Excel 文件需要 30 秒，共计约 10 分钟。以每隔 60 分钟巡视

维护一次，一天 24 次，共计耗时 240 分钟。

9.2.3 场景自动化流程开发

9.2.3.1 流程规划

1. 按预制定的信息终端操作系统、杀毒软件、病毒库版本标准库模板，利用 RPA 技术替代人工自动登录 360 信息终端安全平台，自动判断信息安全平台服务器是否正常运行，并将异常信息记录到 Excel 表格中。

2. 根据标准库模板中的信息与信息终端操作系统、杀毒软件、病毒库版本信息进行校对，判断是否符合要求。

3. 循环登录 360 信息终端安全平台，验证服务器状态是否正常、信息终端操作系统、杀毒软件、病毒库版本号是否符合要求，并将异常信息写入 Excel 结果文件，反馈给用户。

9.2.3.2 场景开发

本场景主要采用 Java 执行器执行代码的形式来实现，用来展示 Java 执行器的高级应用实践。Java 执行器可以简单地用几句代码实现用图形化界面复杂的逻辑关系才能实现的场景，下面我们用一个 Java 执行器加代码的形式来实现本场景。

1. 将 Java 执行器拖至 RPA 工程页面，如图 9-15 所示。

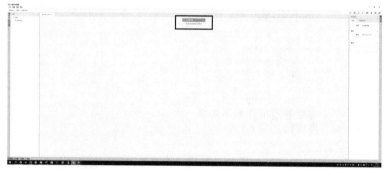

图 9-15 添加 Java 执行器

2. 将代码复制到 Java 执行器，如图 9-16 所示。

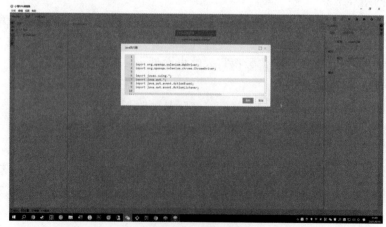

图 9-16 复制代码

3. 将代码中的登录网址、用户名、用户密码以及巡视间隔时间根据需求进行修改，其中登录网址是指各地市公司 360 安全平台登录界面的网址，用户名和密码是指各地市公司 360 安全平台运维人员的用户名和密码，巡视间隔时间是指每次巡视完毕到下一次巡视之间的间隔时间，单位是毫秒。

可以看到，代码开头是头文件引用部分，告诉程序引用了哪些组件；接下来是定义登录网址、用户名、密码、巡视间隔时间的全局变量定义；然后紧接着是主函数部分，这里是程序的入口，其中主要调用了 Init 函数、Enter 函数、KillTask 函数。Init 函数是小喔机器人的初始化函数，功能是定义 Chromedriver.exe 文件位置，启动浏览器，最大化浏览器窗口。Enter 函数是实现场景功能的函数，包括登录、读取服务器运行参数、读取终端信息列表、勾选不合格终端、下线不合格终端、将不合格终端信息写入 Excel 文件、打开存放 Excel 文件的文件夹等功能。KillTask 函数是实现每次巡视完毕后关闭浏览器、清除 Chromedriver 内存占用等垃圾回收功能（如图 9-17、图 9-18、图 9-19、图 9-20 所示）。

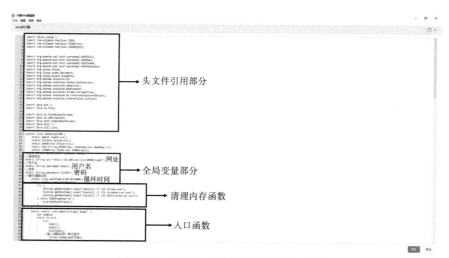

图 9-17　360 安全平台程序代码第一部分

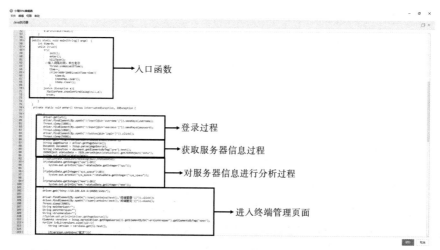

图 9-18　360 安全平台程序代码第二部分

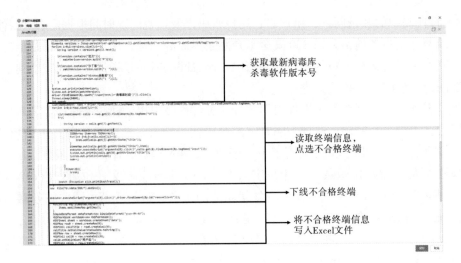

图9-19 360安全平台程序代码第三部分

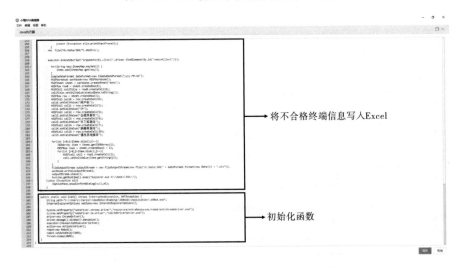

图9-20 360安全平台程序代码第四部分

其中核心Enter函数说明如图9-21所示。

（1）登录部分，通过ID号Username和Userpass定位输入用户名和密码的位置，再通过ID号Login定位并点击登录按钮。之后通过调用Thread.slee函数等待登录成功。

（2）获取服务器状态部分，通过访问http://ip:18080/index/status网址来获取服务器信息，解析返回的Json字符串可以得到服务器状态。

（3）读取终端列表信息部分，通过Class名称Common-table-body来定位表单位置，通过标签名Tbody和Tr来定位表单的每一列。通过循环来获取表单中每一个单元格的内容。

接下来是通过读取到的单元格信息来筛选出不合格终端，通过点击第一列的标签名为Input的元素选中不合格终端，并将不合格终端信息写入缓存。

最后点击ID号为RemoveClient的按钮，下线不合格终端。

（4）写入Excel文件部分，首先是创建Excel文件、创建一张表、写入表头信息。

然后从缓存中依次提取每一个不合格终端的信息，写入表单。最后是保存 Excel 文件，并用文件管理器打开存放 Excel 文件的文件夹。

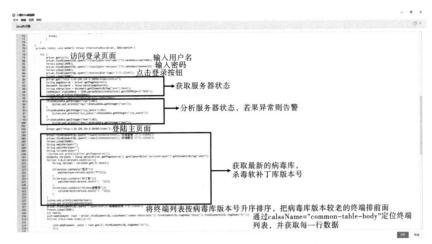

图 9-21　360 安全平台程序代码 Enter 函数第一部分

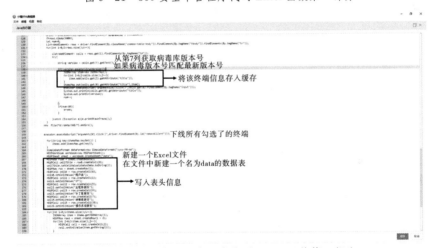

图 9-22　360 安全平台程序代码 Enter 函数第二部分

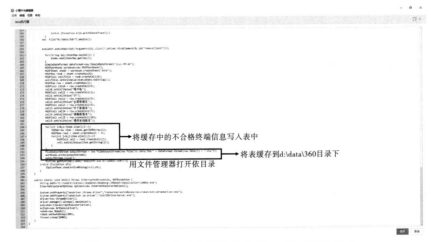

图 9-23　360 安全平台程序代码 Enter 函数第三部分

9.2.4　场景价值

RPA 服务平台完全模仿人工进行信息终端安全监测和管控，应用 RPA 服务平台场景仅需要三步操作：第一步，首先打开 RPA 服务平台；第二步，选中工程文件；第三步，点击执行按钮，等待约 5 分钟后即可查看异常终端统计结果。

在场景信息和测试间隔（如间隔 60 分钟测试一次）不变的情况下，只需要设置一次（设置时间约为 5 分钟）即可按设置的时间间隔进行无限次的信息终端安全管控，从而实现对信息终端安全管控，极大地强化了信息终端管控质量，提高了工作效率。

根据原人工操作时效分析，一个地市公司平均完成 1 次 360 信息终端管控工作测试平均耗时 10 分钟，按每隔 60 分钟执行一次管控操作计算，每个地市公司全年需进行 8 760 次测试，每次 10 分钟。全川 23 个地市公司，每年可替代人工量 33 580 小时。并且随着新的信息终端不断上线运行，监测对象的数量日益增多，节约的人工成本将不断增加。同时，本场景可以灵活调整测试时间间隔，自动进行异常告警，并对异常终端下线处理，实现了对企业信息终端全天候 24 小时监测，强化了业务支撑保障能力，极大提高工作质效。

9.3　邮箱数据表汇总

9.3.1　业务背景

在工作中，业务人员经常需要对一些表格数据进行收集、汇总，目前采用的方式是业务人员根据管理要求制定汇总所需表的模板文件，通过邮件方式分发到参与数据汇总的各单位，各单位填写完成后，反馈邮件到指定接收人邮箱。负责汇总的人员需要登录邮箱将各单位反馈回来的表格逐一下载，再通过 Excel 汇总为一张表格。由于人工手动收集汇总速度较慢，并且可能发生遗漏。通过 Excel 进行数据汇总时，部分表格可能因填报单位的填写不规范、不统一，导致数据格式不匹配，需人工更改，造成业务人员工作量增多，工作效率低。

为规范表格附件填报模板，提升数据收集汇总效率，可通过 RPA 技术代替人力进行邮箱数据表汇总，将邮箱内所需要合并的 Excel 表下载到指定地点，并进行自动收集、汇总。

9.3.2　原业务流程及人工时效

邮箱数据表汇总原业务流程如图 9-24 所示。

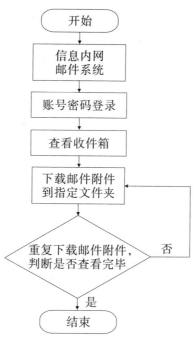

图 9-24　原业务流程

1. 登录网页进入门户登录界面。

2. 登录门户账号进入信息内网邮件系统。

3. 登录内网邮件系统个人账号。

4. 查看收件箱。

5. 下载邮件附件到指定文件夹。

6. 判断是否下载完毕，否则重复步骤（5）。

这样的操作方式不仅耗时，而且得到汇总资料可能不准确。

在以往的数据收集工作中，业务人员主要通过内网邮箱系统，不定时地收取或者查找邮件中的表格附件，并按照一定的规律将这些表格合并。在这个过程中，可能存在表格的格式、命名、参数等不统一的问题，因此合并表格类型不统一的情况下，就需要大量时间比对表格中数据，对其一一进行核验，甚至还需要和原始发件人沟通，这样将极大增加业务人员的工作量，业务变得繁杂耗时的同时，错误率也会增加。初步估计，不考虑电话沟通时间，仅完成一项数据收集、汇总工作大约需要 1~2 小时。

9.3.3　场景自动化流程

9.3.3.1　流程规划

1. 利用 RPA 技术替代人工登录邮箱，按预定的模板自动发送邮件至各单位（或个人）。

2. 各单位（或个人）接收到邮件后按模板人工填写内容反馈至发件人邮箱。

3. 信息收集单位（或个人）邮箱设置参数，按需、定时获取各单位（或个人）反馈的邮件内容，并自动录入至汇总信息表。

需要注意的是，整个邮件收、发过程，发送端需要统一文件名称（例如"测试.xlsx"）以及表格的样式，并在表格中备注内容，反馈时不得修改表格样式，也不得删除邮件和附件所需关键字（例如"测试"）。

9.3.3.2　场景开发

1. 在小喔 RPA 编辑器设置登录邮箱系统的账号和密码等参数，如图 9-25、图 9-26所示。

```
9    import org.openqa.selenium.WebDriver;
10   import org.openqa.selenium.WebElement;
11   import org.openqa.selenium.chrome.ChromeDriver;
12
13   import java.io.*;
14   import java.util.ArrayList;
15   import java.util.List;
16
17   public class Main {
18       static WebDriver driver=null;
19       static String username="yonghuming";//用户名
20       static String password="mima";//密码
21       static String filterWord="测试";//邮件名的一部分
22       static String dirPath="C:\\Users\\Administrator\\Downloads";//默认下载目录
23       static String fileName="统计";//附件文件名的一部分（不含后缀）
24       public static void main(String[] args) throws InterruptedException, IOException {
25   // write your code here
26           init();//初始化函数
27           enter();//下载附件函数
28           fileCopy();//复制文件函数
29           fileMerge();//合并文件函数
30
31       }
32
```

图 9-25　源码文件

图 9-26　登录邮箱系统界面

2. 登录进入邮箱系统如图 9-27 所示，之后开始遍历邮件，准备提取附件。

图 9-27　邮箱系统登录成功界面

本次测试过程中，命名所需反馈表格为"测试.xlsx"。附件提取涉及 2 个参数，分别是"点击附件管理"和"提取数据"，如图 9-28、图 9-29所示。设置好参数，进行

遍历循环，查询所有邮件，直至所有包含"测试"标题的邮件被选择，并将附件下载到
设定的文件夹："C：\ Users \ Administrator \ Downloads"。

```
33    private static void fileMerge() throws IOException {
34        File temp=new File("c:/temp/"+fileName+"/");//定义临时文件夹                  ——→设置文件存放地址
35        File[] files = temp.listFiles();//列出文件夹中所有文件
36        List<XSSFRow> dataRows=new ArrayList<XSSFRow>();//定义数据列
37        XSSFRow headRow=null;//定义表头
38        for(File file:files){//遍历文件夹内所有文件
39            if(!file.getName().contains(fileName)){
40                continue;
41            }
42
43            XSSFWorkbook workbook=new XSSFWorkbook(new FileInputStream(file));//打开Excel文件
44            XSSFSheet sheet = workbook.getSheetAt(0);                                     ——→制定遍历规则
45            XSSFRow head = sheet.getRow(0);//获取第一行
46            headRow=head;
47            int rows=sheet.getLastRowNum();//获取总行数
48            for(int i=1;i<=rows;i++){
49                dataRows.add(sheet.getRow(i));//把除了表头外的行放入数据列
50            }
51            workbook.close();//关闭文件
52        }
```

```
99     static void enter() throws InterruptedException {
100        driver.get("http://wangye/login/login.do");//访问邮箱登陆地址
101        driver.findElement(By.id("usernumber")).sendKeys(username);//输入用户名
102        driver.findElement(By.id("password")).sendKeys(password);//输入密码              ——→设置邮箱地址链接
103        driver.findElement(By.id("login_otp")).click();//点击登陆按钮
104        Thread.sleep(5000);//等待5秒
105        driver.findElement(By.className("receive")).click();//点击收件箱
106        Thread.sleep(5000);
107        String id="tr_sys1_";//每封邮件id头
108        String subId="listsubject_sys1_";//每封邮件名 id 头
109        String getMan = driver.findElement(By.id("app_usertruename")).getText();//获取收件人名
```

```
109    String getMan = driver.findElement(By.id("app_usertruename")).getText();//获取收件人名
110    for(int i=0;i<100;i++){
111        try{
112            try {
113
114                String title=driver.findElement(By.id(subId+i)).getText();//获取邮件名
115                System.out.println(title);
116                if(!title.contains(filterWord)){//如果邮件名不匹配则跳过         第一步，判断邮件名是否
117                    continue;                                                符合设定值"测试"
118                }
119            }catch (Exception e){break;}
120            driver.findElement(By.id(id+i)).click();//进入邮件
121            Thread.sleep(2000);
122            driver.switchTo().frame(1);                                   第二步，获取满足
123            String hTitle = driver.findElement(By.className("hTitle")).getText();//获取标题  第一步的邮件标题
124            String sendMan = driver.findElement(By.className("gAddrN")).getText();//获取发件人  以及发件人信息等，
125                                                                         进入邮件
126            System.out.println("标题 "+hTitle);
127            System.out.println("发件人 "+sendMan);
128            System.out.println("收件人 "+getMan);
129            try{
130                List<WebElement> elements = driver.findElements(By.xpath("//a[text()='下载']"));//获取所有附件的下载按钮
131                for(WebElement element:elements){                         第三步，下载满足第二步条件
132                    element.click();//依次点击下载按钮                        的所有附件，并存放到指定位置
133                    Thread.sleep(2000);
134                }
```

图 9—28　遍历规则制定以及附件下载过程

图 9-29　附件提取界面

本次测试涉及三封邮件，使用自动化场景可实现文件自动下载，并保存在指定位置。如图 9-30 可以看到，三个附件已完成下载。

图 9-30　附件提取过程

3. 附件筛选合并源码如图 9-31，对合并数据中的参数进行设置，最后输出"合并结果 . xlsx"汇总文件，如图 9-32 所示。

```
53    XSSFWorkbook workbook=new XSSFWorkbook();//建立合并表文件
54    XSSFSheet sheet = workbook.createSheet();
55    XSSFRow headRow1 = sheet.createRow(0);
56    short lastCellNum = headRow.getLastCellNum();
57    //写入表头
58    for(int i=0;i<lastCellNum;i++){
59        XSSFCell cell = headRow1.createCell(i);
60        cell.setCellValue(headRow.getCell(i).getStringCellValue());
61    }
62    //写入数据列
63    for(int j=0;j<dataRows.size();j++){
64        XSSFRow row = dataRows.get(j);
65        XSSFRow row1 = sheet.createRow(j+1);
66        lastCellNum = row.getLastCellNum();
67        for(int i=0;i<lastCellNum;i++){
68            XSSFCell cell = row1.createCell(i);
69            if(row.getCell(i).getCellType()== CellType.STRING)
70                cell.setCellValue(row.getCell(i).getStringCellValue());
71            if(row.getCell(i).getCellType()== CellType.NUMERIC)
72                cell.setCellValue(row.getCell(i).getNumericCellValue());
73            if(row.getCell(i).getCellType()== CellType.FORMULA)
74                cell.setCellValue(row.getCell(i).getCellFormula());
75        }
76    }
77
78    workbook.write(new FileOutputStream(files[0].getParent()+"/合并结果.xlsx"));//保存合并文件
79    workbook.close();
80
```

将反馈回来的表格，对表头以外的数据进行合并，最后输出"合并结果.xlsx"汇总文件

图 9-31　附件汇总合并源码

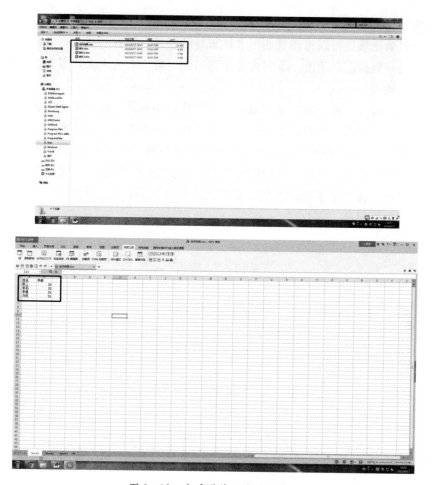

图 9-32　查看附件汇总详细结果

9.3.3.3　**场景使用**

1. 登录 RPA 服务平台，找到对应的场景，在弹出窗口中点击符号"+"新建执行任务。在弹出的窗口中根据任务执行参数填写门户账号（根据示例格式填写）、附件名称关键字（目标邮件中的表格附件名称的关键字），设置好后点击下一步。在弹出的窗口中，根据需求设置任务类型、执行时间、设置好点击提交后，场景开始运行。

2. 场景执行过程中可点击运行历史，找到正在执行的场景，点击任务执行情况可以在任务详情中查看该流程的运行情况。等待流程执行结束后，可以在结果文件下载中进行下载。

9.3.4　场景价值

RPA 服务平台完全模仿人工进行邮箱数据表自动收集、汇总，应用 RPA 场景仅需要三步操作：第一步，首先登录 RPA 服务平台；第二步，在 RPA 服务平台选择邮箱数据表汇总场景，录入门户账号密码、邮件开始和结束日期、附件名称关键字等参数即可自动执行，可选择定时执行或立即执行任务；第三步，等待任务执行结束后，查看任务执行结果情况，下载结果文件。

使用该自动化场景可以将场景使用者从繁复的登录、查看、下载、汇总操作中解放出来，显著提升数据汇总速度，节省大量工作时间，减少人为失误，提升场景使用者工作效率和工作质量。

根据原人工操作时效分析，完成数据收集工作效率较低，耗费大量人力资源。全省管理专职约 1 万人，以每个专职平均每月开展 1 次邮箱数据表汇总工作，每次需要 1.5 小时计算，采用 RPA 服务平台进行邮箱数据表每年可替代人工量 18 万小时，节约大量人力、财力成本。同时，采用 RPA 服务平台进行邮箱数据表汇总，可以灵活设置时间区间和汇总时间，避免了因报送时间跨度太大、邮件太多，人工操作容易出现的漏汇、漏报情况，可显著提高工作效率。

第 10 章 财务专业经典案例详解

本章主要讲述 RPA 在财务专业开发应用的典型场景案例，包括支付制证、项目月结、客商往来清账共 3 个应用场景，同时具体分析了原业务背景和业务流程等内容，并结合业务内容介绍了应用场景开发的核心环节，便于读者通过典型场景的开发实现过程，进一步掌握 RPA 开发技能。

10.1 支付制证

10.1.1 业务背景

近年来，国网四川公司各方面业务高速发展，各基层单位财务每月需完成的付款业务量向上递增，目前月均支付制证业务数量已达到 6 000 笔，且大部分凭证集中在月末处理，而现有财务专业人力资源有限，加班加点已成为各级财务人员的工作常态。加之 ERP 财务系统支付制证业务操作流程较为复杂，月末为业务高峰期，短期集中应用并发量增大，系统卡顿情况较为普遍，严重影响财务人员工作质效。

为解决支付制证业务效率低的问题，国网四川公司设计开发了支付制证 RPA 应用场景，有效提升支付制证作业效率，为基层员工减轻工作负担，极大缓解了财务人员月末堆积制证的压力。

10.1.2 原业务流程及人工时效

国网四川公司各单位支付制证普遍采用"谁挂账、谁制证"的操作模式，基于各单位财务人员业务领域不同及具体操作方式差异，原业务流程大致可分为两类：一是财务人员在资金计划支付成功后，根据经办的付款审签单上支付计划单号、供应商名称、支付金额等凭证相关信息，登录 ERP 财务系统进行制证；二是财务人员定期（每周两天或者每周一天）在财务管控系统查询和导出本人审批的待支付单据，然后根据单据清单登录 ERP 财务系统，通过支付制证菜单，逐条查询出数据后点击单一制证按钮进行支付制证。

由于 ERP 财务系统默认的凭证抬头摘要和行项目摘要为供应商名称，不便于财务人员后期对应转账凭证查阅付款信息，因此需要参照转账凭证的摘要对付款凭证抬头摘要和行项目摘要进行修改。同时，为确保数据无误，还需对每张付款凭证的现金流默认值进行检查和修改。

经基层班组对该作业场景实地统计，按照当前标准支付制证方式，财务人员完成单张凭证制证平均用时 5 分钟。

10.1.3 场景自动化流程

10.1.3.1 流程规划

针对支付制证场景我们将该流程步骤分为登录、导航、数据下载和制证。

首先根据用户提供的账号密码进入 ERP 财务系统，输入相关事物代码，进入支付制证界面。打开支付制证界面后，查询出该利润中心下待制证的凭证信息，进行数据导出。然后逐条查询待制证凭证在财务管控系统的审批记录，判断审批记录中支付审批岗的账号和姓名是否与用户提供的一致，如果一致则进行支付制证。当不一致时，则进行下一条数据的查询及判断。最后将查询到的利润中心下待制证的凭证信息以及待制证凭证在财务管控系统的审批记录以表格的形式，返回给 RPA 服务平台。

10.1.3.2 场景开发

第一步，登录。RPA 服务平台打开 ERP 财务系统（图 10-1），将已加密的账号密码进行解密，分别输入用户和口令栏（图 10-2），登录 ERP 财务系统。

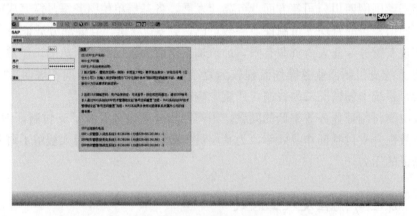

图 10-1 打开 ERP 财务系统

图 10-2 输入账号密码

第二步，导航。首先在导航栏输入事物代码 ZFI22028，进入资金支付融合操作平台。然后在左侧栏中，找到支付制证，双击后在"单位"处输入本单位利润中心代码，如图 10-3、图 10-4 所示。

图 10-3 输入事物代码和单位代码

图 10-4 进入支付凭证界面

第三步，数据下载。输入公司代码，查看相关的支付计划。点击输出按钮将待制证凭证在 ERP 财务系统的审批记录导出，并作为结果文件返回，如图 10-5、图 10-6 所示。

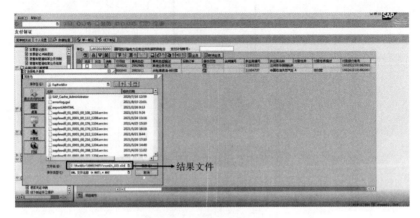

图 10-5　生成结果文件

图 10-6　生成结果文件代码

第四步，制证。根据之前查询的计划，循环输入支付计划编号，判断是否为无符合条件的数据。当有符合条件的数据的情况下，下载文件保存，最后作为结果文件返回，如图 10-7、图 10-8、图 10-9 所示。

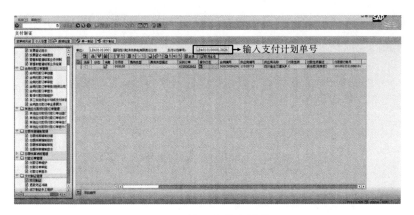

图 10－7　输入支付计划单号

图 10－8　导出结果文件

图 10－9　导出结果文件代码

判断财务管控系统的审批记录中支付审批岗的账号和姓名是否与用户提供的一致，如果一致则进行凭证制证，如图 10−10 所示。

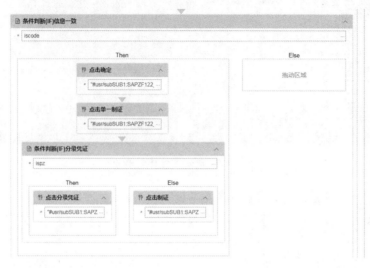

图 10−10　判断信息一致性

10.1.3.3　表单设计

支付制证流程表单如图 10−11 所示。

图 10−11　表单设计

10.1.3.4　场景使用

1. 登录 RPA 服务平台，找到对应的场景，在弹出窗口中点击符号"＋"新建执行任务。在弹出的窗口中根据任务执行参数输入或选择 SAP 账号、财务管控系统账号、水电煤燃油预付款往来性质以及利润中心，设置好后点击下一步。在弹出的窗口中，根据需求设置任务类型、执行时间、是否保存录像，设置好点击提交后，场景开始运行，如图 10−12 所示。

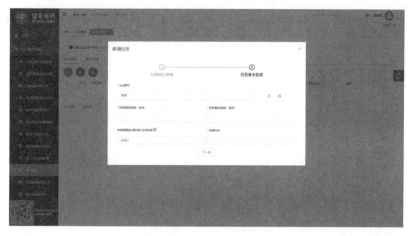

图 10-12　新建任务

2. 场景执行过程中可点击运行历史，找到正在执行的场景，点击任务执行情况可以在任务详情中查看该流程的运行情况。等待流程执行结束后，可以在任务详情中点击视频回放查看任务运行过程，如果该任务存在结果文件，则可以在结果文件下载中进行下载，如图 10-13 所示。

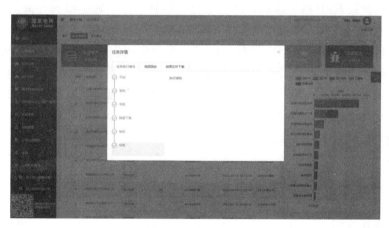

图 10-13　任务详情

10.1.4　场景价值

支付制证 RPA 应用完全模拟人工完成支付制证的全流程推进。相比较该场景标准业务流程，应用 RPA 后财务人员制证效率大幅提升。根据时效对比分析，以单张凭证制证操作为例，自动化操作时效较传统人工操作时效可平均节约耗时约 4 分钟，节省时间成本约 80%。按国网四川公司月均支付制证 6 000 笔计算，应用自动化操作流程后，全省可节约人工工作时长约 16.67 天。

10.2 项目月结

10.2.1 业务背景

近年来，随着国网四川公司项目储备力度加大，各单位项目数量日益增加，财务月末结账时需对当月已发生费用的项目进行月结。虽然 ERP 财务系统支持项目批量月结，但不便于财务人员与自设台账数据核对，且月结时会出现大量报错，需人工进行错误消缺后再次结转，不仅工作量大且耗时长，业务处理效率低下。每到季度、年度出具财务报表时，由于工程报表数量多且烦琐，而现有财务专业人力资源有限，因此亟须缩短项目月结时间，减少人工月结负担，保证财务报表数据准确无误。

10.2.2 原业务流程及人工时效

财务人员登录 ERP 财务系统，进行项目批量月结，或通过报表查询出各单位本月存在发生额的项目信息，然后将数据导出后在系统的项目月结菜单中进行单个项目月结，由于项目在月结过程中会出现各种错误，在发生错误时，财务人员需要在 ERP 财务系统中根据报错信息前往不同的功能点进行错误消缺后再进行月结，如项目月结时系统可能提示"月结失败，存在不活动日期""缺少月结规则需要维护"等不同错误信息。

单条项目月结在没有错误信息出现的情况下平均用时 2 分钟；如同时出现多个错误，则需平均耗时 8~15 分钟。

10.2.3 场景自动化流程

10.2.3.1 流程规划

通过设定规则，流程自动化根据用户提供的 ERP 账号、密码、利润中心代码、会计期间等信息自动化登录 ERP 财务系统，首先根据利润中心和会计期间查询出该单位本月待月结的项目信息，将数据导出整理后开始逐条进行项目月结。

10.2.3.2 场景开发

第一步，登录。RPA 服务平台打开 ERP 财务系统（图 10-14），将已加密的账号密码进行解密，分别输入用户和口令栏（图 10-15），登录 ERP 财务系统。

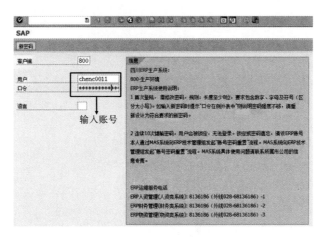

图 10－14　打开 ERP 财务系统

图 10－15　输入账号密码

第二步，科目汇总输入值。输入事务代码，进入图 10－16 界面，在该界面输入公司代码、会计年度、记账开始日期和结束日期等信息后点击执行。操作流程如图 10－17 所示。

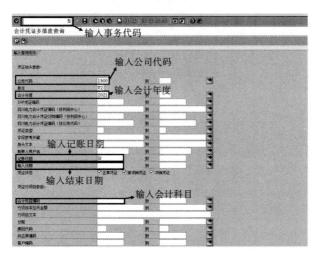

图 10－16　查询凭证信息

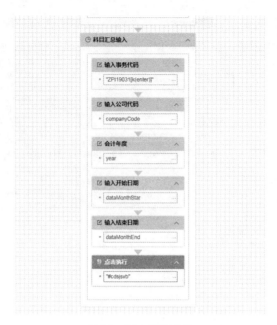

图 10—17　操作流程

第二步，科目汇总输入值。点击格式选择，鼠标右键查找，界面如图 10—18 所示，输入 RPA 服务平台代码，回车，然后点击退出界面。选择项目表，输入表格下载地址。界面如图 10—19 所示。流程步骤如图 10—20 所示。

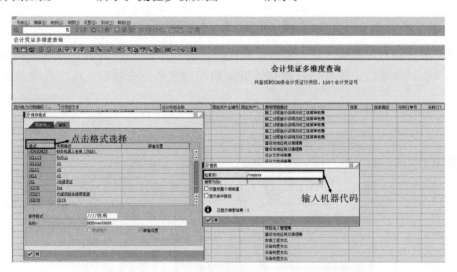

图 10—18　科目汇总

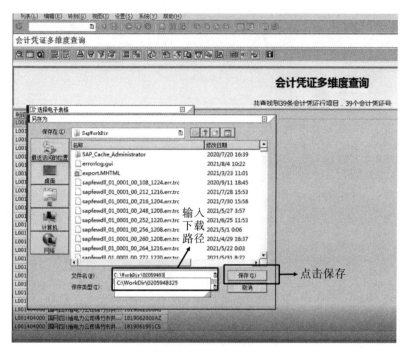

图 10-19　表格下载设置

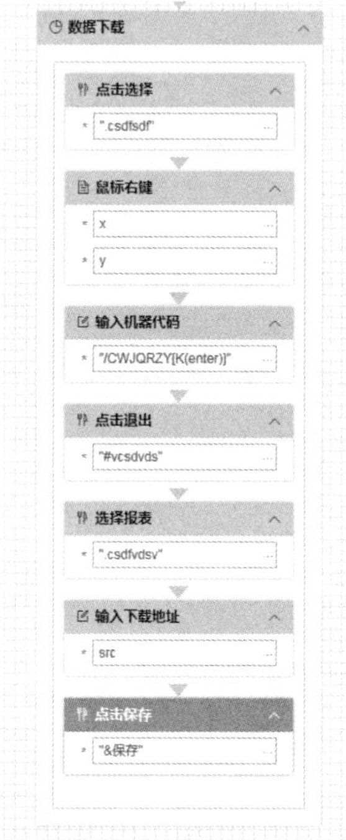

图 10-20　流程步骤

第三步,进行月结。循环执行每条数据,输入项目、月份和年度、日期信息,点击执行,如图 10-21 所示。执行流程如图 10-22 所示。

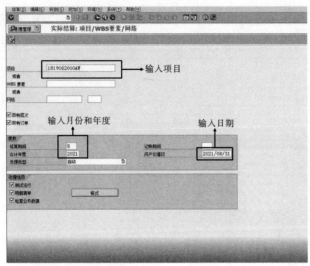

图 10-21　输入项目信息

图 10-22　执行流程

10.2.3.3　表单设计

项目月结流程表单如图 10-23 所示。

图 4-23　表单设计

10.2.3.4　**场景使用**

1. 登录 RPA 服务平台，找到对应的场景，在弹出窗口中点击符号 "+" 新建执行任务。在弹出的窗口中根据任务执行参数输入或选择账号、输入公司代码、利润中心，选择记账开始日期与结束日期，输入会计年度和结转期间月份，设置好后点击下一步。在弹出的窗口中，根据需求设置任务类型、执行时间、是否保存录像，设置好点击提交后，场景开始运行，如图 10-24 所示。

图 10-24　新建任务

2. 场景执行过程中可点击运行历史，找到正在执行的场景，点击任务执行情况可以在任务详情中查看该流程的运行情况。等待流程执行结束后，可以在任务详情中点击视频回放查看任务运行过程，如果该任务存在结果文件，则可以在结果文件下载中进行下载。

10.2.4　场景价值

正常月结时，单条数据执行时间为 10 秒，存在错误情况时需要进行问题消缺，单条数据时长不超过 50 秒。

通过流程自动化处理项目月结，有效减轻了财务人员工作量，平均每个单位每月可以平均节约 1～2 人·天，国网四川公司约有 240 个会计主体，单月可节约 300 人·天。

10.3　**客商往来清账**

10.3.1　业务背景

国网四川公司存在大量采购业务及售电业务，往来业务频繁发生，涉及往来客户及供应商数量十分庞大，如往来清理不及时，极易形成历史遗留问题，造成资金损失。为夯实往来款项管理基础，国网四川公司不断完善 ERP 财务系统功能，建立往来款项管理平台，财务人员可通过平台进行余额为 0 未清项批量对清，改变了以往先通过检查清账及时性，导出存在借方明细供应商清单，再逐个进行手工清账操作的处理模式，但目前 ERP 财务系统中的批量对清功能仍存在局限性，很大程度上依赖人工操作，占用财务人员大量时间，且效率不高，普遍存在清理不及时的情况。

10.3.2 原业务流程及人工时效

在财务业务中，通过支付融合流程挂账并支付的业务 ERP 财务系统会自动清账，但通过手工挂账及部分支付的业务，系统无法实现自动对清，财务人员需定期在 ERP 财务系统使用 ZFI22126 手工清账业务表单事务码进行客商往来逐笔清账，极大地增加财务人员工作量，导致财务人员工作效率低。

经实际测算，财务人员完成单笔客商未清项清理，从登录系统到完成审批平均耗时 2~3 分钟，针对往来业务频繁的客商，需从大量的往来数据中查找到对应未清项，处理时间需 3 分钟以上。

10.3.3 场景自动化流程

10.3.3.1 流程规划

针对客商往来清账这个场景，分为以下步骤：登录、导航获取数据、批量数据对清。

首先登录 ERP 财务系统，通过对应的事物代码进入往来余额为 0 未清项对清界面。根据清理对象选择"供应商未清项对清"或"客户未清项对清"，并输入公司代码、利润中心、会计科目、往来款项性质等字段进行查询，然后将查询的结果导出。以单次 50 条数据量来进行对清操作，并选择审批人进行提交。

10.3.3.2 场景开发

第一步，登录。RPA 服务平台打开 ERP 财务系统（图 10-25），将已加密的账号密码进行解密，分别输入用户和口令栏（图 10-26），登录 ERP 财务系统。

图 10-25　打开 ERP 财务系统

图 10－26　输入账号密码

第二步，导航获取数据，输入事物代码，进入对应页面。如图 10－27 所示。根据用户提供的公司代码、利润中心、会计科目、往来款项性质等字段进行查询，并将查询的结果导出，如图 10－28 所示。

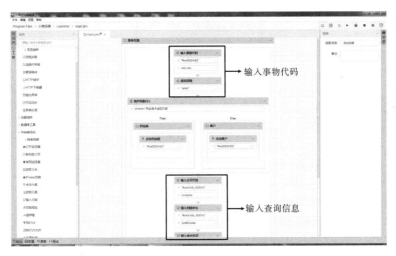

图 10－27　输入事物代码和查询信息

图 10-28 导出查询结果

第三步，批量数据对清。查询结果按照 50 条为一组来进行对清操作，如图 10-29 所示，然后选择审批人提交，如图 10-30 所示。

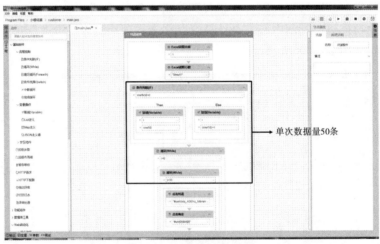

图 10-29 设置查询数量

图 10-30 选择审批人

10.3.3.3　表单设计

客商往来清账流程表单设计如图 10-31 所示。

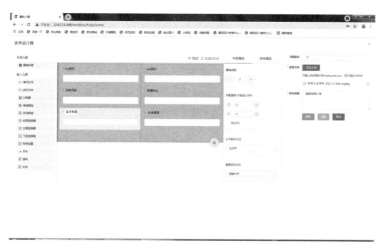

图 10-31　表单设计

10.3.3.4　场景使用

1. 登录 RPA 服务平台，找到对应的场景，在场景任务页面，找到并点击模板文件下载，下载模板文件后，参照模板文件填写数据，点击任务管理下的符号"＋"新建执行任务。在弹出的窗口中根据任务执行参数要求填写 SPA 账号密码、财务管控系统姓名、财务管控系统账号、利润中心、选择水电煤燃油预付款往来性质，设置好后点击下一步，如图 10-32 所示。在弹出的窗口中，根据需求设置任务类型、执行时间、是否保存录像，设置好点击提交后，场景开始运行。

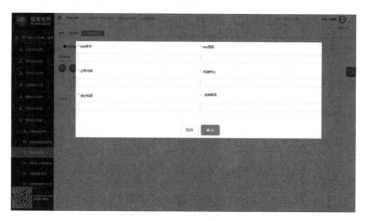

图 10-32　新建任务

2. 场景执行过程中可点击运行历史，找到正在执行的场景，点击任务执行情况可以在任务详情中查看该流程的运行情况。等待流程执行结束后，可以在任务详情中点击视频回放查看任务运行过程，如果该任务存在结果文件，则可以在结果文件下载中进行下载，如图 10-33 所示。

图 10-33　任务详情

10.3.4　场景价值

客商往来清账 RPA 应用完全模拟人工完成客商往来余额对清的全流程推进。相比较该场景标准业务流程，应用 RPA 后系统自动完成对清，不需要财务人员查询未清项明细，有效避免人工误清，减轻财务人员清账工作量。根据对比分析，以国网雅安市名山供电公司会计人员处理 200 条未清项为例，原人工操作时效平均耗时 6.6 小时，自动化流程时效仅需耗时 10 分钟。按国网四川公司约 240 个会计主体计算，相当于每个会计主体可节约 6.5 小时，全省可节约 1 560 小时，切实将财务人员从繁琐的、低附加值的重复性工作中解放出来，以腾出更多精力进行财务延伸管理。